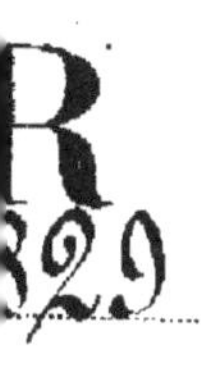

PASCAL

ET

Le Problème de la Croyance

PAR

Antoine MALVY, S. J.

GABRIEL BEAUCHESNE, ÉDITEUR
A PARIS, RUE DE RENNES, 117
MCMXXIII

PASCAL

Et le Problème de la Croyance

PASCAL

ET

Le Problème de la Croyance

PAR

Antoine MALVY, s. j.

GABRIEL BEAUCHESNE, EDITEUR

A PARIS, RUE DE RENNES, 117

MCMXXIII

Toutes les pensées de Pascal citées dans ce travail sont accompagnées de références aux trois principales éditions : celle de Havet (H ; — le chiffre romain indique l'article, et le chiffre arabe la pensée), — celle de M. Michaut (*Collectanea Friburensia*, fasc. 6, 1896). — et celle de M. Brunschvicg (Hachette, édition classique, 1900). Ces deux dernières éditions sont indiquées par les lettres M et B, suivies du numéro de la « pensée. » On sait que ces numéros sont identiques dans la petite édition classique de M. Brunschvicg et dans la grande édition qui fait partie de la collection des Grands écrivains. Au contraire, pour les Opuscules et les Lettres, il a fallu choisir. et j'ai cru bien faire de renvoyer à cette même édition classique, qui est dans toutes les mains, en indiquant cette fois le chiffre de la *page* précédé de l'initiale *p*.

On est donc prié de ne pas confondre ces deux manières de citer :

> B. 45   indique la pensée numérotée 45 dans la
>   petite édition Brunschvicg.
> B. p. 45 indique la *page* 45 de cette même édition.

Je cite entre crochets droits [ ] les pensées que Pascal a biffées de sa main sur le manuscrit), — par des crochets ainsi formés < > les pensées écrites d'une main étrangère, mais probablement sous sa dictée, — par des crochets doubles « cf. l'exemple de la p. 7, note 9, c.) » les pensées qui. écrites d'une main étrangère, ont été revues par lui. Ces signes correspondent aux astérisques de l'édition Brunschvicg.

————————

Le présent travail a paru en articles dans la revue *Les Lettres* en 1919. Cette nouvelle édition, qui paraît en l'année du centenaire de Pascal, a été soigneusement revue et mise au courant de quelques-uns des plus récents travaux.

« *Tout auteur a un sens auquel tous les passages contraires s'accordent ou il n'a pas de sens du tout.* »

< H. XVI, 10 bis. — M. 533. — B. 684. >

INTRODUCTION

Le problème de la croyance est à la mode, si l'on peut appeler de ce nom léger une des préoccupations les plus sérieuses de nos contemporains. Quelles que soient les causes de ce fait moral, ce sont les mêmes sans doute qui expliquent la fascination, — on a été jusqu'à dire : l'obsession [1], — qu'exerce aujourd'hui sur un grand nombre d'esprits l'attachante figure de Pascal. Pascal, en effet, s'il n'a pas le premier posé le problème de la croyance, — car on ne saurait sans injustice oublier les théologiens de tous les âges et de toutes les écoles [2], — Pascal est le premier qui l'ait transporté au grand jour, qui l'ait laïcisé, pour ainsi

---

[1] V. Giraud, *La philosophie religieuse de Pascal et la pensée contemporaine*, p. 35 (Bloud, collection *Science et religion*).

[2] Voir surtout, comme représentatifs des différentes époques, S. Augustin, *De fide rerum quæ non videntur* (Opera, t. VI. Migne P. L. t. XL. col. 173). — S. Thomas d'Aquin, *Summa theol.* 2ᵃ 2ᵃᵉ part. quaest. 1-4. — S. Bonaventure, *In libr. Sententiarum*, lib. 3, dist. 23, art. 1, quaest. 2 : Utrum fides sit in parte animæ cognitiva an affectiva. — Traités divers *de Fide* : parmi les thomistes, Salmaticenses, Jean de S. Thomas, Billuart ; parmi les jésuites, Suarez, Lugo, Martinez de Ripalda ; jésuites thomistes Schiffini, cardinal Billot, J.-V Bainvel. — R. P. Harent, articles très remarquables *Croyance* et *Foi* dans le *Dictionnaire de théologie catholique*. Le second résume toutes les controverses de l'école.

dire, lorsqu'il apprit « à la nature qu'elle peut parler de tout et même de théologie [3] ». Non pas que cette laïcisation ait été dans sa pensée, comme dans celle de Kant, une transposition en termes de philosophie profane de ce qui avait été avant lui fait religieux ou spéculation théologique, un effort pour faire rentrer « la religion dans les limites de la raison. » Bien au contraire, et le but de l'Apologie était plutôt, chacun le sait, l'humiliation de la raison devant la religion révélée [4]. Ce n'était pas davantage une étude de psychologie religieuse avant l'heure, une analyse scientifique de ce qui se passe dans l'âme du croyant. Mais c'était l'effort de cette âme elle-même pour se déployer tout entière à ses propres yeux, et surtout pour aller chercher loin d'elle, dans le doute ou l'indifférence, ceux qu'elle voulait amener aux tranquilles certitudes de sa foi. Et cette recherche se faisait passionnée, brûlante, tout animée de la dialectique de l'amour. C'est pourquoi ceux de nos contemporains qui se trouvent las de la recherche scientifique, après lui avoir demandé peut-être plus qu'elle n'a jamais promis, re-

[3] H. VII, 28. M. 701. B. 29.

[4] C'est ce qui m'empêche de souscrire à ces paroles de Fouillée : « Si Pascal revenait au monde et était encore chrétien, ce qui est douteux, il se ferait probablement kantien, car c'est là la forme la plus haute et la plus subtile du christianisme ». (*Critique des systèmes de morale contemporains*, Alcan, 2ᵉ éd. 1887, p. 127). Je crois que Pascal aurait vu dans Kant un philosophe rationaliste avant tout. Il n'aurait pas trouvé chez lui plus que chez Epictète ce Dieu sensible au cœur, dont il avait tant besoin.

viennent d'instinct à Pascal et lui prêtent volontiers leurs propres inquiétudes [1]. On ne doit pas s'étonner si, en même temps, les psychologues, dont l'attention se porte de plus en plus sur ce fait complexe de la croyance, vont chercher à la même source une inspiration pour leurs travaux. Et s'ils ne trouvent pas dans Pascal la même préoccupation scientifique, si son œuvre leur apparaît plus encore vécue que pensée, ils ne peuvent que s'en féliciter : car, au lieu d'un précurseur forcément incomplet de leurs propres analyses, ils ont devant eux l'objet vivant de leurs études, un document humain de première valeur.

Je voudrais, après bien d'autres, qui sont des maîtres [2], entreprendre une étude sur ce que l'on devrait

[1] « De tous les grands écrivains du xvii⁰ siècle c'est assurément l'auteur des Pensées, — je ne dis pas des Provinciales, — qui nous émeut et nous attire le plus, nous, hommes des premières années du xx⁰ siècle. » V. Giraud, *La philosophie religieuse de Pascal et la pensée contemporaine*, avant-propos.

[2] Il serait ridicule de refaire ici la bibliographie de Pascal déjà si soigneusement dressée par M. Lanson (*Manuel bibliographique de la littérature française*). Il suffira de dire que j'ai lu avec attention les études de Sainte-Beuve et de Vinet, de Droz, Rauh, Sully-Prudhomme, Boutroux, de MM. Giraud, Michaut, Lanson, Strowski, Petitot, Bremond, Brunschvicg, Janssens. On verra que j'en ai largement profité. Mais c'est à Pascal lui-même que je suis sans cesse revenu, et non pas seulement aux Pensées, qui font l'objet propre de mon étude, mais aux Opuscules et aux Lettres qui, précédant les Pensées, les éclairent souvent et permettent même, par endroits, de retrouver la trace d'une évolution dans l'esprit de l'auteur. — Je ne prétends pas d'ailleurs apporter des conclusions bien neuves : j'ai voulu seulement me donner le plaisir de refaire pour mon compte, d'après les sources, l'analyse et la synthèse des doctrines psychologiques de Pascal

appeler la théorie de la croyance dans Pascal, si l'on voulait à tout prix transformer l'apologiste en philosophe. Ce sera, du même coup, atteindre le fait de la croyance dans une âme particulièrement riche. Étude d'interprétation psychologique, non de philosophie critique : il y sera question de la genèse et du mécanisme de la croyance, non de sa valeur objective ; deux points de vue qu'il importe soigneusement de distinguer. La croyance religieuse occupera forcément dans mon étude la même place centrale que dans les Pensées. Mais je ne me croirai pas interdit de m'étendre, à l'occasion, aux divers cas d'adhésion intellectuelle, qui se rapprochent plus ou moins de ce phénomène bien tranché et en ont reçu le nom. Ce serait une tâche délicate autant qu'importante de distinguer les divers sens de ce vocable de croyance, de plus en plus envahissant en philosophie, d'en marquer avec précision l'origine, les équivalents dans les diverses langues, la part d'influence religieuse qui y demeure, pour ainsi dire, engagée[1]. Ce travail, je ne puis le faire ici. Il me

sur l'assentiment. Je trouve un encouragement dans ces paroles de F. Brunetière : « On pourra toujours dire quelque chose de nouveau de Pascal, de ses Provinciales et de ses Pensées. Il y suffira de les avoir lues, de les avoir soi-même revécues avec Pascal et de le dire comme on l'aura senti : cela vaudra ce que cela vaudra, selon l'homme et la manière dont il le dira ; ce sera toujours un droit que l'on aura ; et il sera bien difficile que cela ne vaille pas quelque chose, aussi souvent qu'on y mettra plus de sincérité que de littérature. » (Études critiques, 3e série, p. 59. Paris, Hachette, 1887. — Revue des Deux Mondes, sept. 1885).

[1] Quelle différence, par exemple, entre la *pistis* de Platon et

suffira de constater qu'il y a, outre la croyance religieuse, la croyance historique, la croyance morale, la croyance vulgaire au monde extérieur, aux premiers principes, aux lois de la nature. Le seul caractère commun de ces assentiments, c'est qu'ils échappent, — à des titres très divers, il est vrai, — à la rigueur de la preuve logique. Et c'est par là surtout qu'on peut les rapprocher dans Pascal, encore qu'il n'ait guère employé la dénomination commune que nous leur donnons. Hâtons-nous de substituer sa terminologie à la nôtre, car nous ne pouvons ignorer que dans les expressions d'un auteur, — et surtout d'un auteur tel que Pascal, qui est avant tout un homme, — il y a bien plus que les conventions qui ont pu décider de l'emploi des termes, il y a quelque chose d'indéfinissable, quelque chose de l'âme qui dans le moule des mots a versé le meilleur d'elle-même.

notre mot de *croyance*, entre le *Glauben* de Kant et le *belief* de M. Balfour ! Il n'est pas téméraire de penser que le christianisme est pour beaucoup dans la signification moderne de ce mot et que les diverses confessions chrétiennes y ont mis aussi leur empreinte spéciale. Les Pères de l'Église et les scolastiques ont travaillé pendant des siècles à faire entrer dans les moules de la pensée hellénique une donnée d'origine judéo-chrétienne. Tout ce travail est commandé par la définition biblique : *sperandarum substantia rerum, argumentum non apparentium* (Ep. aux Hébreux, XI. 1). Il aboutit à cette définition de S. Thomas d'Aquin : « *Credere* est actus intellectus assentientis veritati divinæ *ex imperio voluntatis* a Deo motæ per gratiam. » (Sum. Theol. 2ª 2ᵃᵉ, quaest. 2, art. 9). De nos jours on distingue de plus en plus entre *foi* et *croyance* : les anciens n'avaient qu'un mot pour ces deux notions. Cf. le *Vocabulaire de la Société française de philosophie* et les distinctions très fines du R. P. S. Harent, *Dict. de théol.* art. *Croyance*, col. 2367.

« Il y a trois moyens de croire : la raison, la cou-
« tume, l'inspiration. La religion chrétienne, qui seule
« a la raison, n'admet pas pour ses vrais enfants ceux
« qui croient sans inspiration ; ce n'est pas qu'elle
« exclue la raison et la coutume, au contraire ; mais
« il faut ouvrir son esprit aux preuves, s'y confirmer
« par la coutume, mais s'offrir par les humiliations
« aux inspirations, qui seules peuvent faire le vrai et
« salutaire effet : *ne evacuetur crux Christi*[1] ».

Tout nous porte à penser que pour Pascal chacun
des trois moyens de croire peut faire son œuvre à part
des autres et déterminer à lui seul la croyance[2], en-

---

[1] H. XXIV, 42. M. 33. B. 245. Au lieu de : l'inspiration, Pascal
avait d'abord écrit : la révélation ; — au lieu de : s'y confirmer
par la coutume, s'y disposer par la coutume. Ces corrections ne
sont pas sans importance.

[2] Voici quelques preuves de cette assertion :

a) Croyance par la raison seule : H. VIII, 6. M. 420 [1]. B. 282.
< « Ceux à qui Dieu a donné la religion par sentiment du
cœur sont bien heureux et bien légitimement persuadés. Mais
ceux qui ne l'ont pas, nous ne pouvons la donner que par raisonnement, en attendant que Dieu la leur donne par sentiment de cœur, sans quoi la foi n'est qu'humaine et inutile
pour le salut. » > Cette foi purement humaine est inutile, mais
elle est possible. — H. XXIV, 19. M. 812. B. 288. « Deux sortes
de personnes connaissent : ceux qui ont le cœur humilié et qui
aiment la bassesse, quelque degré d'esprit qu'ils aient, haut ou
bas ; ou ceux qui ont assez d'esprit pour voir la vérité, quelque
opposition qu'ils y aient. »

b) Croyance par la coutume seule : H. X. 8. M. 424. B. 252.
« La coutume fait nos preuves les plus fortes et les plus crues ;...
c'est elle qui fait *tant de chrétiens*, c'est elle qui fait les Turcs,
les païens, les métiers, les soldats, etc. » — H. XXV, 80. M. 164.
B. 98. « C'est une chose pitoyable, de voir tant de Turcs, d'hérétiques, d'infidèles, suivre le train de leurs pères, par cette seule

core que l'idéal soit de les réunir. « La conduite de
Dieu, qui dispose toutes choses avec douceur, est de
mettre la religion dans l'esprit par les raisons et dans
le cœur par la grâce [10] ». D'ailleurs, pour élargir la
doctrine et l'étendre à tous les cas de croyance naturelle, il convient de substituer au mot d'*inspiration* celui de *cœur*. Car, d'une part, c'est le cœur qui reçoit
les inspirations de Dieu [11], et d'autre part, ce que le
cœur fait sous cette influence dans la foi surnaturelle,
il peut le faire de lui-même dans bien des cas où l'assentiment ne dépasse pas les forces de la nature. La

raison qu'ils ont été prévenus chacun que c'est le meilleur. » —
H. XXV, 20. M. 98. B. 259. « Le monde ordinaire a le pouvoir
de ne pas songer à ce qu'il ne veut pas songer... Ainsi se con-
servent les fausses religions, *et la vraie même, à l'égard de beaucoup de gens.* » — H. XXV, 47. M. 515. B. 256. « Il y a peu de
vrais chrétiens, je dis même pour la foi. Il y en a bien qui
croient, mais par superstition... »

c) Croyance par l'inspiration seule : H. XIII, 10. M. 855.
B. 284. « Ne vous étonnez pas de voir des personnes simples
croire sans raisonner. Dieu leur donne l'amour de soi et la
haine d'eux-mêmes. Il incline leur cœur à croire. » — H. XIII,
11. M. 843. B. 286. < « Ceux qui croient sans avoir lu les Testaments, c'est parce qu'ils ont une disposition intérieure toute
sainte, et que ce qu'ils entendent dire de notre religion y est
conforme... » > — H. XIII, 12. M. 847. B. 287. ((« Ceux que nous
voyons chrétiens sans la connaissance des prophéties et des
preuves ne laissent pas d'en juger aussi bien que ceux qui ont
cette connaissance. Ils en jugent par le cœur, comme les autres
en jugent par l'esprit. C'est Dieu lui-même qui les incline à
croire ; et ainsi ils sont très efficacement persuadés. »))

[10] H. XXIV, 3. M. 652. B. 185.

[11] Cf. les textes cités dans l'avant-dernière note, sous la lettre
c, et en outre : H. X, 11. M. 58. B. 248. « La foi est différente de
la preuve... c'est de cette foi que Dieu lui-même met dans le

foi surnaturelle n'est ainsi qu'un cas particulier de
cette connaissance par le cœur que Pascal a complaisamment décrite dans un fragment célèbre [1].

J'étudierai donc séparément, avant d'en faire la synthèse, ces trois facteurs de la croyance : la *raison*, la *coutume* et le *cœur*. Je n'ignore pas que cette marche risque
de trahir Pascal. « Sa méthode n'est pas celle des philo-
« sophes abstraits, qui commencent par décomposer les
« choses en leurs éléments, pour considérer ensuite ces
« éléments à part et les combiner suivant les lois de l'in-
« telligence de manière à en former des touts qui se rap-
« prochent plus ou moins de la réalité. Pascal est un
« physicien. Il a un sens très vif du réel et du concret. Et
« même, tandis qu'en physique on peut étudier à part un
« ordre de phénomènes, il a le sentiment que, quand il
« s'agit de l'homme, il faut le prendre tout entier, si l'on

---

cœur, dont la preuve est souvent l'instrument... mais cette foi
est dans le cœur, et fait dire, non *scio*, mais *credo*. » – H. VIII,
6. M. 420. B. 282. < « Ceux à qui Dieu a donné la religion par
sentiment du cœur sont bien heureux et bien légitimement
persuadés... » > — Esp. géom. II. B. p. 185. « Je ne parle pas
ici des vérités divines... Dieu seul peut les mettre dans l'âme,
et par la manière qu'il lui plaît. Je sais qu'il a voulu qu'elles
entrent du cœur dans l'esprit, et non pas de l'esprit dans le
cœur... »

[1] H. VIII, 6. M. 420. B. 282. « Nous connaissons la vérité, non
seulement par la raison, mais encore par le cœur : c'est de cette
dernière sorte que nous connaissons les premiers principes... Et
c'est sur ces connaissances du cœur et de l'instinct qu'il faut
que la raison s'appuie... Et c'est pourquoi ceux à qui Dieu a
donné la religion par sentiment du cœur sont bien heureux et
bien légitimement persuadés. » Cf. plus loin notre chapitre III.

« veut le voir tel qu'il est [13] ». Si, malgré tout, j'ai choisi pour commencer la méthode d'analyse, c'est que j'étudie, non pas directement et en lui-même cet objet vivant qu'est l'homme, mais la pensée de Pascal, si subtile, et en apparence (en apparence seulement) ondoyante et diverse. La synthèse nous sera, au terme, plus facile après cette dissection minutieuse.

[13] E. Boutroux, *Rev. des cours et conférences,* 24 mars 1898, 6ᵉ année, 2ᵉ sér. p. 63.

Chapitre Premier

LA RAISON

Pascal a parlé magnifiquement de la raison humaine et ce qu'il en a dit est dans toutes les mémoires : « La raison nous commande bien plus impé-« rieusement qu'un maître : car en désobéissant à l'un « on est malheureux, et en désobéissant à l'autre on « est un sot [14]... L'homme n'est qu'un roseau, le plus « faible de la nature, mais c'est un roseau pensant... « Toute notre dignité consiste donc en la pensée. C'est « de là qu'il faut nous relever et non de l'espace et de « la durée, que nous ne saurions remplir. Travaillons « donc à bien penser : voilà le principe de la morale [15]... « [L'homme] estime si grande la raison de l'homme « que, quelque avantage qu'il ait sur la terre, s'il n'est « placé avantageusement aussi dans la raison de « l'homme, il n'est pas content. C'est la plus belle « place du monde, rien ne le peut détourner de ce « désir [16]... » Plus d'une de ces pages pourrait être si-

[14] < H. VI, 2. M. 552. B. 345 >. Pensée absente de l'édition de Port-Royal.

[15] H. I, 6. M. 174. B. 347. — Cf. H. I, 6 bis. M. 399. B. 348.

[16] < H. I, 5 bis. M. 927. B. 404 >.

gnée de Descartes, et les pensées ne manquent pas qui portent la marque irrécusable de l'influence du grand philosophe [17]. Mais aussi, comment ne pas relever les

[17] H. I, 2. M. 469. B. 339. « Je puis bien concevoir un homme sans mains, pieds, tête... Mais je ne puis concevoir l'homme sans pensée : ce serait une pierre ou une brute. » — < H. I, 11. M. 321. B. 469. « Je sens que je puis n'avoir point été, car le moi consiste dans ma pensée :... donc je ne suis pas un être nécessaire. Je ne suis pas aussi éternel ni infini ; mais je vois bien qu'il y a dans la nature un être nécessaire, éternel et infini ». > — II. XXIV, 53. M. 17. B. 146. « L'homme est visiblement fait pour penser ; c'est toute sa dignité et tout son mérite ; et tout son devoir est de penser comme il faut. Or l'ordre de la pensée est de commencer par soi, et par son auteur et sa fin. » — H. XVII, 1. M. 138. B. 793 à la fin. « De tous les corps ensemble, on ne saurait en faire réussir une petite pensée : cela est impossible et d'un autre ordre. » — H. XXIV, 98. M. 172. B. 221. « Les athées doivent dire des choses parfaitement claires ; or il n'est point parfaitement clair que l'âme soit matérielle. » — H. XXV, 49. M. 561. B. 260. « L'autorité. Tant s'en faut que d'avoir ouï dire une chose soit la règle de votre créance, que vous ne devez rien croire sans vous mettre en l'état comme si jamais vous ne l'aviez ouï. C'est le consentement de vous à vous-même, et la voix constante de votre raison, et non des autres, qui vous doit faire croire. » — Sur l'automatisme des animaux, cf. infr. note 55. — Il fut un temps où Méré pouvait écrire à Pascal : « Descartes que vous estimez tant. » (Michaut, Introd. p. XXXI. note ; cf. Collet, *Un fait iné dit de la vie de Pascal.* Paris 1848). Méré lui-même contribua à convaincre Pascal que l'ordre dans lequel se mouvaient les spéculations de Descartes était inférieur et par trop grossier au regard des choses morales (cf. II. VI, 23. M. 708. B. 144). Plus tard, la conversion définitive et le jansénisme durent accentuer ce sentiment. Il est vrai qu'ici nous sommes en présence d'un problème qui n'a pas été, je crois, suffisamment éclairci : les rapports du jansénisme avec le cartésianisme. D'une part, il est facile de montrer, — et F. Brunetière l'a fait avec éclat (Rev. des deux Mondes, 15 nov. 1888, p. 306. *Etudes critiques,*

condamnations, parfois si dures, qu'elles contiennent
à l'adresse de la philosophie et de Descartes lui-

4ᵉ série) — que la logique de l'*Augustinus* allait droit à la con-
damnation de toute philosophie rationnelle. Pascal sut mieux
que personne appliquer cette logique. Mais la logique gou-
verne-t-elle tout le monde ? Et peut-on nier qu'Arnauld et Nicole
aient été des cartésiens enthousiastes ? Mme de Sévigné écrit à
sa fille, à propos du P. Bossu : « Il est janséniste, c'est-à-dire
cartésien en perfection. » (Éd. des Grands Écrivains, tome V,
p. 63, 16 sept. 1676), et Jurieu dit expressément des théologiens
de Port-Royal : « Tous ces hommes si habiles ont autant d'attachement pour le cartésianisme que pour le christianisme. »
(Politique du clergé de France ou Entretiens curieux de deux
catholiques romains, p. 107 et 108 — 1681). Il n'est pas inutile
de rappeler que jansénisme et cartésianisme avaient dans la
scolastique des universités et des jésuites un ennemi commun.
Mais avec cela il faut reconnaître ce que Cousin et Sainte-Beuve
(Rev. des deux Mondes, 1845, t. IX, p. 544) ont parfaitement
mis en lumière, qu'Arnauld et Nicole étaient loin du jansénisme
de la première heure, de la pure doctrine de Saint-Cyran. On
sait leur querelle avec Pascal, à propos de la signature, et le
jugement défavorable de Nicole sur les Pensées (Essais de mor.
t. VIII, p. 245, lettre 18 à M. de Sévigné). Est-ce que cette di-
versité de vues au sein même de Port-Royal ne se trahit pas
dans ces paroles de Fontaine, à propos de la conversion de
Pascal : « M. Singlin crut, en voyant ce grand génie, qu'il ferait
bien de l'envoyer à Port-Royal, où M. Arnauld lui prêterait le
collet en ce qui regardait les hautes sciences, et où M. de
Saci lui apprendrait à les mépriser » (Entr. avec Saci,
B. p. 147). A la première influence nous devons vraisemblablement les opuscules sur l'esprit géométrique et cette maxime
toute cartésienne : « La méthode de ne point errer est recher-
chée de tout le monde. Les logiciens font profession d'y conduire, les géomètres seuls y arrivent, et, hors de leur science et
de ce qui l'imite, il n'y a point de véritables démonstrations. »
(Espr. géom. II, B. p. 194). Plus tard, Pascal dira d'Arnauld
(1ᵉʳ recueil Guerrier, p. 325. — M. 1903). « Voilà une belle
occupation pour M. Arnauld que de travailler à une logique !

même[11]? Qui ne sait comme Pascal à décrié cette
pauvre, impuissante, imbécile raison[12]? Il éprouvait
une sorte de joie amère à la voir rabaissée, humiliée,
réduite par les pyrrhoniens à demander grâce[20], persi-

Les besoins de l'Église demandent tout son travail. » — N'exa-
gérons et n'oublions pas que Nicole lui-même,
sur la fin de sa vie, regrettait en ces termes son intempérance
philosophique : « La plus solide philosophie n'est que la science
de l'ignorance des hommes... Si j'avais à revivre, il me semble
que j'éviterais de faire paraître de l'inclination pour aucun de
ces partis, et que je ferais en sorte qu'on ne me mettrait pas
au nombre des cartésiens, non plus qu'en celui des autres. »
(Ess. de mor. t. VIII p. 207, lettre 82, sur la manière d'enseigner la philosophie aux jeunes religieux).

[18] Voir la série de pensées B. 76-79. H. XXIV, 109 bis et ter.
M. 663. « Descartes inutile et incertain. » — M. 942. < « Écrire
contre ceux qui approfondissent trop les sciences. Descartes. » >
— M. 1000 (Témoignage de Marg. Périer. Faugère. Lettres et
opusc. p. 458) < « Je ne puis pardonner à Descartes : il aurait
bien voulu, dans toute sa philosophie, pouvoir se passer de
Dieu ; mais il n'a pu s'empêcher de lui faire donner une chique-
naude pour mettre le monde en mouvement ; après cela, il n'a
plus que faire de Dieu. » > — « Feu M. Pascal, quand il voulait donner un exemple d'une avance qui pouvait être approuvée par entêtement, proposait d'ordinaire l'opinion de Descartes
sur la matière et sur l'espace. » Nicole. Essais de Morale, lettre
83, d'après M. 1003.

[19] H. VIII, 1. M. 337 (6). B. 435. « Humiliez-vous, raison impuissante. Taisez-vous, nature imbécile... » H. XXIV. 53 bis.
M. 491. B. 365. « Toute la dignité de l'homme consiste en la
pensée... Mais qu'est-ce que cette pensée ? Qu'elle est sotte ! »
On n'en finirait pas si l'on voulait citer tous les textes allégués
pour le « pyrrhonisme » de Pascal : aussi bien les trouvera-
t-on partout.

[20] H. XXV, 35. M. 50. B. 388. « Le bon sens. Ils sont contraints
de dire : Vous n'agissez pas de bonne foi. Nous ne dormons
pas, etc. Que j'aime à voir cette superbe raison humiliée et sup-

flée par Montaigne à qui il prête pour l'occasion, avec
ses plus sombres couleurs [21], plus de logique et de profondeur que n'en eut peut-être le délicat épicurien.
Irrité des prétentions de la raison à pénétrer jusqu'au
divin, il voudrait « l'achever » [22]. Et dans ce but, il
n'oubliera aucune de ses faiblesses, il réunira contre
elle toutes les « puissances trompeuses » dont elle est
le jouet [23] et il se fera fort de lui arracher ce désaveu
d'elle-même qui est encore, selon lui, ce qu'elle peut
prononcer de plus raisonnable [24], car, étant « ployable à
tous sens », elle ne saurait servir de règle [25].

pliante ! Car ce n'est pas là le langage d'un homme à qui on
dispute son droit, et qui le défend les armes et la force à la
main. Il ne s'amuse pas à dire qu'on n'agit pas de bonne foi,
mais il punit cette mauvaise foi par la force. »

[21] Entretien avec Saci. B. p. 155 et 157, Saci : « Je crois assurément que cet homme avait de l'esprit, mais je ne sais pas
si vous ne lui en prêtez pas un peu plus qu'il n'en a, par cet
enchaînement si juste que vous faites de ses principes. » —
Pascal : « Je vous avoue, monsieur, que je ne puis voir sans
joie dans cet auteur la superbe raison si invinciblement froissée
par ses propres armes, et cette révolte si sanglante de l'homme
contre l'homme. »

[22] M. 194 [5]. B. 73 (omis dans Havet). [« Cela suffirait sans
doute si la raison était raisonnable. Elle l'est bien assez pour
avouer qu'elle n'a encore pu trouver rien de ferme ; mais elle
ne désespère pas encore d'y arriver ; elle est aussi ardente
que jamais dans cette recherche, et s'assure d'avoir en
soi toutes les forces nécessaires pour cette conquête. *Il faut
donc l'achever*, et après avoir examiné ses puissances dans leurs
effets, reconnaissons-les en elles-mêmes ; voyons si elle a
quelques forces et quelques prises capables de saisir la vérité. »]

[23] H. III, 19. M. 601. B. 83. — Cf. H. III, 3. M. 601. B. 82.

[24] H. XIII, 6. M. 457. B. 272. « Il n'y a rien de si conforme à
la raison que ce désaveu de la raison. »

[25] H. VII, 4. M. 333. B. 274.

Mettre ces textes en regard, c'est poser le problème, tant de fois agité, du scepticisme de Pascal. Ce n'est qu'au terme de cette étude que nous pourrons essayer une solution. Mais dès à présent, n'oublions pas qu'il serait puéril de chercher dans un auteur dont nous ne possédons que des fragments épars et qui « cherche sa pensée encore plus qu'il ne la formule » [26] une conciliation qui effacerait toute trace de tâtonnement et réduirait aux proportions d'un système les confidences d'une âme vivante et mobile, jetées au jour le jour sur le papier. N'oublions pas surtout que ces oppositions extrêmes entraient dans le plan de Pascal et devaient servir dans sa pensée à l'apologie du christianisme, en mettant aux prises sous nos yeux, pour mieux les détruire l'une par l'autre, les deux formes, dogmatique et sceptique, de la sagesse profane : si bien qu'il faut y voir, selon l'heureuse formule de M. Droz, moins une « contradiction de systèmes » qu'un « système des contradictions » de la nature humaine [27].

[26] Vinet. *Etudes sur B. Pascal* (ouvrage posthume). 3ᵉ éd. Paris, Fischbacher, p. 246. — Qui ne voit la difficulté, l'impossibilité même, aujourd'hui généralement avouée, de retrouver dans les détails le plan de l'Apologie, qui pour Pascal lui-même n'était pas définitivement arrêté ? Et comment se flatter de parvenir, sans cela, à une synthèse parfaitement objective de la doctrine ? « Comme si les mêmes pensées ne formaient pas un autre corps de discours par une disposition différente, aussi bien que les mêmes mots forment d'autres pensées par leur différente disposition ! » H. VII, 9. M. 715. B. 22.

[27] Droz, *Etude sur le scepticisme de Pascal considéré dans le livre des Pensées,* Paris, Alcan, 1886, p. 177. Cet ouvrage est

Une distinction s'impose dès l'abord. Le mot *raison* paraît avoir dans Pascal un sens large et un sens plus restreint, et c'est ici le lieu de nous rappeler une de ses maximes : « Ceux qui ont l'esprit de discernement « savent combien il y a de différence entre deux mots « semblables, selon les lieux et les circonstances qui « les accompagnent [28] ». Il écrivait dans le Traité du vide, après avoir mis à part les vérités historiques et religieuses, connues par autorité : « Il n'en est pas de « même des sujets qui tombent sous le sens ou sous « le raisonnement : l'autorité y est inutile, la raison « seule a lieu d'en connaître [29] ». Ici il est évident que la raison s'étend plus loin que le raisonnement : tout ce qui n'est pas matière d'autorité, que ce soit d'ail-

une remarquable application à l'analyse et à l'interprétation des Pensées des règles de l' « art d'agréer » tracées par Pascal lui même. Il est superflu de dire qu'on peut beaucoup y prendre. L'erreur serait, je crois, de s'en tenir là, de tout expliquer par la marche de l'apologie et les exigences de l' « ordre du cœur. » Il y a dans les idées de Pascal sur la raison humaine quelque chose d'absolu, d'indépendant de tout argument ad hominem, d'irréductible au dogmatisme philosophique, encore que rien ne ressemble moins, je l'avoue, au scepticisme également philosophique. Surtout, je me refuserais, avec Boutroux, à prêter à Pascal une manœuvre quelconque qui irait à simuler provisoirement un scepticisme de surface pour amener plus sûrement l'adversaire aux convictions de la foi. Tout ce que dit Pascal sort du plus profond de son âme. A nous de l'expliquer : c'est ce que j'essaierai de faire.

[28] Espr. géom. II. B. p. 192.

[29] Fragm. d'un Traité du vide. B. p. 76. Cf. XVIIIᵉ Provinciale, texte cité plus loin, note 44. Ici la raison est distinguée, non seulement de l'autorité, mais des sens. C'est la distinction bien connue des trois ordres de grandeurs.

leurs objet d'intuition ou de connaissance abstraite, principes ou conclusions, rentre dans son domaine. D'autre part, là où nous lisons dans les Pensées, à propos des premiers principes connus par le cœur : « C'est en vain que le *raisonnement*, qui n'y a point de « part, essaie de les combattre [30] », Pascal avait dicté d'abord : la *raison*. Et, dans la suite de ce fragment, il emploie indifféremment les mots de raison et de raisonnement pour les opposer au *cœur*, c'est-à-dire à l'intuition.

On pourrait multiplier ces exemples : ils nous montreraient la raison, tantôt opposée au *sentiment*, qui est cependant pris parfois, nous le verrons, pour une des deux formes, et la plus élevée, de l'intelligence humaine [31], tantôt représentant toute la nature intelligente de l'homme et opposée à ce titre, soit à l'instinct des animaux [32], soit à la foi surnatu-

[30] < H. VIII, 6. M. 420. B. 282. > Voir les variantes de l'édition Michaut.

[31] H. XXIV, 32. M. 424 (?). B. 252. « La raison agit avec lenteur... Le sentiment n'agit pas ainsi : il agit en un instant, et toujours est prêt à agir. Il faut donc mettre notre foi dans le sentiment ; autrement elle sera toujours vacillante. » — **II.** XXIV, 5. M. 13. B. 278. « C'est le cœur qui sent Dieu, et non la raison. » — Cf. < II. VIII, 7. M. 739. B. 95 « La raison rend les sentiments naturels, et les sentiments naturels s'effacent par la raison. » > — II. VIII, 9. M. 806. B. 395. « Instinct, Raison... »

[32] « N'est-ce pas la traiter indignement la raison de l'homme, et la mettre en parallèle avec l'instinct des animaux, puisqu'on en ôte la principale différence, qui consiste en ce que les effets du raisonnement augmentent sans cesse, au lieu que l'instinct demeure toujours dans un état égal ? » Fragm. d'un Traité du vide. B p. 79 — Cf. H. XXV, 14. M. 493. B. 342.

relle [33]. La raison est parfois réduite à l'esprit géométrique ; d'autres fois, elle s'étend aussi à l'esprit de finesse.

Cette distinction suffit-elle pour résoudre toutes les antinomies des Pensées ? Assurément, un grand nombre disparaissent d'elles-mêmes : ainsi, cette « impuissance de prouver invincible à tout le dogmatisme » [34] ne vaut plus que contre la raison raisonnante ou discursive, non contre l'évidence du cœur, propre aux principes et supérieure au raisonnement : nous sommes avertis qu' « il est aussi inutile « et aussi ridicule que la raison demande au cœur des « preuves de ses premiers principes, pour vouloir y « consentir, qu'il serait ridicule que le cœur demandât « à la raison un sentiment de toutes les propositions « qu'elle démontre, pour vouloir les recevoir [35] ». C'est là la « nature » qui confond les pyrrhoniens [36], et la certitude qu'elle nous donne, loin d'être moins ferme que celle du raisonnement, est la base indispen-

[33] H. XIII, 1. M. 521. B 267. — H. XIII, 3. M. 453. B. 273.

[34] H. VIII, 9. M. 866. B. 395.

[35] < H. VIII, 6. M. 420. B. 282. > Il faut lire tout ce fragment, qui est de première importance pour connaître la vraie pensée de Pascal. «... La connaissance des premiers principes.. aussi ferme qu'aucune de celles que nos raisonnements nous donnent. Et c'est sur ces connaissances du cœur et de l'instinct qu'il faut que la raison s'appuie, et qu'elle y fonde tout son discours... Les principes se sentent, les propositions se concluent, et le tout avec certitude, quoique par différentes voies..... Cette impuissance ne doit servir qu'à humilier la raison, qui voudrait juger de tout, mais non pas à combattre notre certitude, comme s'il n'y avait que la raison capable de nous instruire... »

[36] H. VIII, 1. M. 336 [15]. B. 434 (p. 531).

sable sur laquelle le raisonnement doit s'appuyer.

Cependant, il reste des difficultés [37], et je ne crois pas qu'on puisse nier que le grand génie de Pascal, séduit peut-être, comme tant d'autres, par le mirage métaphysique de l'abstraction réalisée et trop pressé du désir d'abîmer la raison devant la foi, la nature devant la grâce, ait parfois inconsciemment abusé de la double signification du mot raison pour faire tomber sur toute la nature intelligente de l'homme des critiques qui ne pouvaient porter que sur la raison raisonnante et qu'il a lui-même réfutées ailleurs par un simple appel à notre faculté naturelle d'intuition [38]. Cette confusion d'ailleurs n'est-elle pas le péché, plus ou moins habituel, de tous ceux qui au nom de la volonté, du cœur, du sentiment moral, ont entrepris le procès de la raison ? [39].

[37] La principale, selon moi, vient de l'inquiétude, souvent exprimée par Pascal, — et jamais résolue autrement que par la foi, — sur l'origine, et partant la valeur de nos principes naturels, qui ne sont peut-être que nos principes accoutumés. Cf. note 155.

[38] Rien d'instructif, a cet égard, comme la comparaison des deux fragments fameux H. VIII, 1. M. 536. B. 434 et < H. VIII, 6. M. 420. B. 282 > que l'on pourrait appeler, l'un la thèse, l'autre l'antithèse du pyrrhonisme. — A vrai dire cependant, cette faculté d'intuition n'est naturelle pour Pascal que comme un reste, un débris de la première condition de l'homme et c'est ce qui concilie les contradictions dans une synthèse supérieure inspirée du dogme. Cf. notre chapitre IV.

[39] On me permettra de citer ici quelques lignes lumineuses d'un maître regretté, qui a repris, dans un esprit plus modéré, mais avec une prédilection visible, quelques-unes des positions de Pascal sur la « certitude morale. » « Il ne faut pas appeler rai-

Quoi qu'il en soit, et sans perdre de vue cette distinction fondamentale, qui nous permettra souvent de rendre pleine justice à Pascal, il nous faut, avant

son tout court la raison incomplète, la raison orgueilleuse, la raison pervertie. Il ne faut pas oublier que ce mot raison a plusieurs sens. Pensez-vous, en le prononçant, à la lumière de l'intelligence, à la règle du jugement ? Voilà une raison que vous ne pouvez proscrire : prétendirez-vous supprimer la lumière ou la règle ?... Nommez-vous raison la faculté que nous avons de voir et de juger ? L'œil intellectuel peut être malade, le juge peut être prévenu ou corrompu : sans doute ; mais direz-vous que, les yeux crevés, on verra mieux, et que, tout juge supprimé, la règle sera mieux appliquée ? Non, vous ne pouvez nulle part vous passer de la raison, si par là vous entendez ce qui voit et juge. Il peut y avoir des précautions à prendre pour bien voir et bien juger, un traitement à suivre, des secours à recevoir, des moyens déterminés à employer : mais cela même, n'est-ce point dans la lumière intellectuelle que vous le trouvez véritable, n'est-ce pas avec l'œil intellectuel que vous en percevez la convenance ou la nécessité ? Reste un troisième sens du mot raison :... on exprime fort bien ce qu'elle est en la qualifiant de « discursive. » Or, à ce titre, elle a presque partout quelque chose à faire, puisque l'esprit humain n'a pas l'intuition vive et soudaine de la vérité. Mais, si elle est indispensable, c'est comme auxiliaire simplement. Elle n'est plus maîtresse comme dans le premier cas, elle n'est plus l'organe même du vrai, comme dans le second : elle n'est qu'un instrument. On brouille tout, si l'on perd de vue cette triple acception du mot raison. On conseille de renoncer à la raison pour croire, et l'on estime la foi plus assurée parce que la raison est humiliée et proscrite. De quelle raison parle-t-on ? Est-ce qu'il y a jamais lieu de renoncer aux principes d'éternelle vérité qui président à toute pensée ? Est-ce que le sentiment ou la volonté ou les exigences de la pratique doivent jamais, peuvent jamais les supprimer ou les faire fléchir ? Le prétendre, ce serait ôter au sentiment sa lumière, à la volonté sa règle, à la pratique son guide, à la foi sa base. » (Ollé-Laprune. *De la Certitude morale*. ch. 4. Paris, Belin. 2ᵉ éd. 1892, pp. 139-141).

d'entrer dans le champ réservé de la croyance religieuse, parcourir avec lui les différents domaines où
s'exerce légitimement et souverainement la raison
humaine.

Le premier de ces domaines est celui des sens. Pascal a écrit[40] : « Les appréhensions des sens sont toujours
« vraies ». Entendez cela des appréhensions vraiment
premières et irréductibles, car il y a des apparences
qui, sans être fausses en elles mêmes, nous induisent
à des interprétations erronées[41]. La raison doit juger
les apparences sensibles et les mettre dans l'ordre qui
est proprement la science : mais elle ne peut le faire
qu'à condition de se soumettre d'abord au fait et d'y
recourir sans cesse comme au seul critère sans appel[42].

[40] H. VI. 25. M. 633. B. 9. — Cf. XVIII° Provinciale (texte cité
plus loin. note 44).

[41] H. III, 19. M. 604. 30. B. 83. — Une théorie de la croyance
dans Pascal appellerait comme complément une théorie de l'erreur. On y verrait que toute erreur est une vérité incomplète...
« Peut-être que cela vient de ce que naturellement l'homme
ne peut tout voir, et de ce que naturellement il ne se peut
tromper dans le côté qu'il envisage ; comme les appréhensions
des sens sont toujours vraies ». H. VI. 25. M. 633. B. 9. C'est ce
qui permet à la volonté d'intervenir. H. III, 10. M. 348. B. 99.
« La volonté est un des principaux organes de la créance : non
qu'elle forme la créance, mais parce que les choses sont vraies
ou fausses, selon la face par où on les regarde. » D'ailleurs,
il paraît bien y avoir des erreurs nécessaires : H. VII. 11. M.
688. B. 81. « L'esprit croit naturellement et la volonté aime
naturellement ; de sorte que, faute de vrais objets, il faut qu'ils
s'attachent aux faux ».

[42] Fragm. d'un Traité du vide. B. p. 78. « Les secrets de la nature sont cachés... Les expériences qui nous en donnent l'intelligence multiplient continuellement ; et comme elles sont *les*

De là une horreur invincible pour les hypothèses gratuites, non vérifiées, prématurées. Nous savons qu'il se moquait fort de la matière subtile de Descartes [43]. Et, quoi qu'il faille décidément penser des rapports scientifiques de ces deux grands esprits, il semble bien qu'un abîme les séparait quand il s'agissait de l'intervention de la raison dans l'explication des phénomènes physiques. C'était chez Pascal une pente naturelle à faire passer le concret avant l'abstrait, la géométrie synthétique avant l'algèbre et même avant l'arithmétique, le fait avant la théorie, tout comme, en apologétique, l'observation de l'âme vivante avant les démonstrations métaphysiques de la religion.

Au-dessus du domaine des sens, au-dessous de celui de la foi, s'étend le domaine propre de la raison. Cette division trichotomique, clairement énoncée dans la XVIIIe Provinciale [44], se retrouve dans la belle pensée

seuls principes de la physique, les conséquences multiplient à proportion. »

[43] Témoignage de Marguerite Périer (Bibl. nat. Manuscr. fond français 15281, p. 177. M. 1000. B. 77, note). — Cf. Nicole, Ess. de mor. t. VIII, p. 221, lettre 83 : « Feu M. Pascal, quand il voulait donner un exemple d'une rêverie qui pouvait être approuvée par entêtement, proposait d'ordinaire l'opinion de Descartes sur la matière et sur l'espace. »

[44] Ce texte important éclaire toute la théorie de la méthode dans Pascal et tempérerait très exactement son fidéisme, s'il n'était pas trop antérieur aux Pensées. « D'où apprendrons-nous donc la vérité des faits ? Ce sera des yeux, mon Père, qui en sont les légitimes juges. comme *la raison l'est des choses naturelles* et intelligibles, et la foi des choses surnaturelles et révélées. Car puisque vous m'y obligez. mon Père, je vous dirai que selon les sentiments de deux des plus grands docteurs de l'Eglise,

sur les trois ordres de grandeurs [45]. Il serait donc excessif de représenter la raison comme une simple faculté de déduction occupée à mettre en œuvre les données des sens ou de la foi, et réduite, comme on a dit, à moudre le grain reçu d'ailleurs : ou du moins il faut reconnaître, selon la distinction énoncée plus haut, que le mot de raison, dans le domaine intermédiaire dont nous parlons, doit s'étendre aux intuitions qui, d'autres fois, sont réservées au cœur.

S. Augustin et S. Thomas, ces trois principes de nos connaissances, *les sens, la raison et la foi* ont chacun leurs objets séparés, et leur certitude dans cette étendue. Et comme Dieu a voulu se servir de l'entremise des sens pour donner entrée à la foi, *fides ex auditu*, tant s'en faut que la foi détruise la certitude des sens que ce serait au contraire détruire la foi que de vouloir révoquer en doute le rapport fidèle des sens... Concluons donc de là que, quelque proposition qu'on nous présente à examiner, il en faut d'abord reconnaître la nature pour voir auquel de ces trois principes nous devons nous en rapporter. S'il s'agit d'une chose surnaturelle, nous n'en jugerons ni par les sens, ni par la raison, mais par l'Ecriture et par les décisions de l'Eglise. S'il s'agit d'une proposition non révélée et proportionnée à la raison naturelle, elle en sera le propre juge. Et enfin, s'il s'agit d'un point de fait, nous en croirons les sens auxquels il appartient naturellement d'en connaître. » (Faugère, Ed. des Gr. écriv. Hachette, 1895, tome II, p. 227).

[45] H. XVII, 1. M. 138. B. 793. — Cf. H. XXV, 181. M. 247. B. 460. D'après cette dernière pensée, il semble bien que l'ordre intermédiaire de la raison ne va que jusqu'à la grandeur proprement intellectuelle et ne saurait atteindre à la vraie grandeur morale ou à la sagesse. Celle-ci est surnaturelle, don gratuit de Dieu, et c'est pourquoi on ne peut en tirer vanité. *Qui gloriatur in Domino glorietur.* Quand donc ailleurs (H. VI, 41. M. 226. B. 67) Pascal oppose à la science des choses extérieures la science des mœurs, qui le consolera toujours au temps de l'affliction, celle-ci ne peut être que la morale

A ce domaine propre de la raison appartiennent avant tout les mathématiques. Quand Pascal veut donner un exemple de grandeur intellectuelle, le plus haut, à son sens, dans le monde des esprits, comme Jésus-Christ dans le monde de la charité, le nom d'Archimède se présente à lui le premier : « Oh ! qu'il a éclaté aux esprits ! [46] ». C'est aux mathématiques surtout qu'il pensait, quand, présentant à la reine Christine sa machine arithmétique, il exaltait la royauté des esprits si fort au-dessus des puissances terrestres [47]. Ces sentiments, la piété austère des derniers jours ne les a pas refoulés au point de les détruire entièrement. Témoin la lettre à Fermat [48], où il appelle la géométrie « le plus haut exercice de l'esprit » et « le plus beau métier du monde », encore qu'elle ne soit qu'un métier, c'est-à-dire un moyen et non une fin en soi, « bonne pour faire l'essai, mais non pas

surnaturelle. La vertu naturelle n'existe pas pour lui, ou, s'il en reconnaît l'existence dans les philosophes qui ont dompté leurs passions (H. XXV, 31. M. 629. B. 349), elle doit lui paraître nécessairement entachée d'orgueil, comme il l'a assez répété à propos d'Epictète. On reconnaît ici l'influence de S. Augustin.

[46] II. XVII, 1. M. 138. B. 793, p. 696.

[47] En 1652. B. p. 112. « J'ai une vénération toute particulière pour ceux qui sont élevés au suprême degré, ou de puissance ou de connaissance. Les derniers peuvent, si je ne me trompe, aussi bien que les premiers, passer pour des souverains..... Ce second empire me paraît même d'un ordre d'autant plus élevé, que les esprits sont d'un ordre plus élevé que les corps, etc... »

[48] 10 août 1660, B. p. 228. Il faut tout lire : « Mais il y a maintenant ceci de plus en moi que je suis dans des études si éloignées de cet esprit-là qu'à peine me souviens-je qu'il y en ait. »

« l'emploi de notre force. » Témoin les discours sur la
condition des grands où il tient ce fier langage au
jeune duc de Luynes : « Il n'est pas nécessaire, parce
« que vous êtes duc, que je vous estime, mais il est
« nécessaire que je vous salue... M. N. est un plus
« grand géomètre que moi... Je passerai donc devant
« lui, et l'estimerai plus que moi en qualité de géo-
« mètre »[49].

La géométrie est la forme même de la raison, —
entendez de la raison raisonnante ou déductive : elle
offre à toute discipline le modèle parfait de la démonstration et comme une logique universelle, dont celle
de l'école n'est qu'une pâle et bien oiseuse transposition. Il est vrai qu'elle ne définit pas tout et ne prouve
pas tout : mais aussi bien serait-ce là une prétention
chimérique, un idéal qui n'est pas humain. L'absence
de définition et de démonstration n'est pas ici une
infériorité, car elle tient, non à l'obscurité, mais à la
trop grande évidence des termes premiers et des principes[50].

Dans ce domaine de la raison auquel appartiennent
les mathématiques, faut-il faire encore une place à la
philosophie ? C'est ici surtout qu'il importe d'être
circonspect et modéré dans nos interprétations. Il se-

[49] 2e Discours. B. pp. 236, 237.

[50] Espr. géom. passim. Ces déclarations sont à retenir pour
les comparer plus tard à une doctrine un peu différente. — Cf.
dans l'édition Brunschvig (B. p. 165, note) cette addition du
manuscrit : « Nous voyons par expérience qu'entre esprits
égaux et toutes choses pareilles, celui qui a de la géométrie
l'emporte et acquiert une vigueur toute nouvelle. »

rait facile d'accumuler les textes à la charge de la philosophie, qui ne vaut pas « une heure de peine[51] ». N'oublions pas qu'en ces endroits Pascal parle en apologiste de la religion : et à tout apologiste il faut pardonner quelques exagérations[52]. A nos yeux sans doute la cause de la religion n'exige pas qu'on lui sacrifie la philosophie : il n'en était pas tout à fait de même, nous le verrons, pour un janséniste conséquent avec ses principes. Il est vrai d'ailleurs que, si Pascal oscilla longtemps entre la science et la religion, il ne fut jamais un pur philosophe, à moins qu'on ne veuille appeler de ce nom l'homme du monde qu'il fut durant quelques années, ami et quelque peu disciple de Méré et lecteur assidu d'Epictète et de Montaigne. Mais enfin, en pareille matière, des textes restrictifs bien précis pèsent d'un autre poids que des affirmations générales ou des condamnations en bloc. Or, nous avons de ces textes qui établissent, sinon l'entière innocuité, du point de vue rigoureux de la perfection chrétienne entendue au sens janséniste, du moins la possibilité d'une étude philosophique des deux questions les plus importantes, celle de l'âme et celle de Dieu.

[51] [H. XXIV, 100 bis. M. 371. B. 79]. « Nous n'estimons pas que toute la philosophie vaille une heure de peine. » Remarquons d'ailleurs que cette parole, barrée dans le manuscrit, était à l'adresse de la physique ou « philosophie naturelle » de Descartes.

[52] « Il emploie l'hyperbole, l'expression qui dépasse la pensée. Ce n'est pas là un vain procédé de style. C'est la méthode d'un homme qui veut forcer la volonté. *L'action suppose une vue exclusive.* » Boutroux. *Pascal,* p. 166.

Sur la question de l'âme Pascal était resté cartésien.
J'ai cité quelques-unes de ses déclarations sur l'immatérialité du principe pensant [53] ; il lui est arrivé de
louer Descartes sur les admirables conséquences que
celui-ci a su tirer du Cogito [54]. « Il était de son sentiment sur l'automate [55] ». Sur la fin de sa vie, il était

[53] Supra, note 17. — Cf. II. XXV. 31. M. 620. B. 349. « Immatérialité de l'âme. Les philosophes qui ont dompté leurs passions, quelle matière l'a pu faire ? » — H. I, 1. M. 600. [41, 42].
B. 72, p. 356. « ... Car il est impossible que la partie qui raisonne
en nous soit autre que spirituelle ; et quand on prétendrait que
nous serions simplement corporels, cela nous exclurait bien davantage de la connaissance des choses, n'y ayant rien de si inconcevable que de dire que la matière se connaît soi-même ; il
ne nous est pas possible de connaître comment elle se connaîtrait. » — Cf. < M. 883. B. 539 >.

[54] Espr. géom. II. B. p. 193. Il est vrai que cet éloge même
est tout tempéré de réserves significatives. « Car, sans examiner s'il a réussi efficacement dans sa prétention .. [de fonder
une physique]. »

[55] Témoign. de Marg. Périer (ms. Bibl. nat. fond fr. 15281,
p. 177). — M. 1000. B. 77. note). — Cf. B. 340-343. H. < XXIV,
67 >. XXV, 11. < XXV, 11 bis, 74 > M. 493. < 436, 439, 882 >.
Sur l'automatisme dans l'homme, voir plus loin notre étude sur
la coutume. La théorie des animaux-machines était, de toutes
celles de Descartes, la plus en faveur parmi les jansénistes. Il
est curieux de constater comme elle s'harmonisait avec leurs
principes théologiques. Jansénius avait enseigné que la souffrance ne pouvait être qu'un châtiment et n'aurait pu être dans
aucune hypothèse l'état naturel de l'homme (Libri de statu
naturæ puræ, l. 3, c. 11. col. 923). Il s'ensuivait que les bêtes
ne pouvaient souffrir au sens propre du mot. « Auraient-elles
mangé du foin défendu ? » — Cf. Baillet. Vie de Desc. t. I,
p. 52 (Paris, Horthemels, 1691). « Cette opinion des automates
est ce que M. Pascal estimait le plus dans la philosophie de
Descartes. » — Fr. Bouillier. *Hist. de la phil. cartés.* t. I,

encore tout heureux de trouver dans un livre de médecine des explications propres à concilier l'immatérialité de l'âme avec le mécanisme physiologique[36].

En théodicée, sa position est plus difficile à déterminer : la raison peut-elle, selon lui, connaître et démontrer l'existence de Dieu ? On sait sa répugnance pour les preuves métaphysiques et même physiques de cette vérité[37]. Cependant il est bon de noter qu'il a lui-même une fois tracé l'esquisse d'une démonstra-

p. 155, 433 (Delagrave, 1868). — Sainte-Beuve, *Port-Royal*, l. II, ch. 16 (t. II, p. 313-317), — l. VI, c. 5 (t. V, p. 352).

[36] Lettre à la marquise de Sablé. Déc. 1669. B. p. 230.

[37] H. X. 5. M. 544. B. 543. « Les preuves de Dieu métaphysiques sont si éloignées du raisonnement des hommes, et si impliquées, qu'elles frappent peu ; et quand cela servirait à quelques-uns, cela ne servirait que pendant l'instant qu'ils voient cette démonstration, mais une heure après ils craignent de s'être trompés. » — < H. XXII, 2, M. 417. B. 242. « Dire à ceux-là qu'ils n'ont qu'à voir la moindre des choses qui les environnent et qu'ils verront Dieu à découvert, et leur donner, pour toute preuve de ce grand et important sujet le cours de la lune et des planètes, et prétendre avoir achevé sa preuve avec un tel discours, c'est leur donner sujet de croire que les preuves de notre religion sont bien faibles... » > — Cf. Filleau de la Chaise, Disc. sur les Pensées de M. Pascal (imprimé à la suite des Pensées. Amsterdam. Abraham Wolgang, 1688. Page 11.) « Après qu'il leur eut exposé ce qu'il pensait des preuves dont on se sert d'ordinaire et fait voir combien celles qu'on tire des ouvrages de Dieu sont peu proportionnées à l'état naturel du cœur humain et combien les hommes ont la tête peu propre aux raisonnements métaphysiques, il montra clairement qu'il n'y a que les preuves morales et historiques, et de certains sentiments qui viennent de la nature et de l'expérience qui soient de leur portée. »

tion toute cartésienne de l'Être nécessaire [58]. Ce qu'il reprochait à ces preuves, ce n'est pas le défaut de rigueur, c'est leur disproportion avec les facultés moyennes et les dispositions morales du commun des hommes. On voit la preuve dans l'instant, mais une heure après on l'oublie et elle perd sa force. Sans doute, il en est de même de toutes les démonstrations compliquées, voire de maint théorème géométrique. Le mieux qu'on puisse faire, c'est de se rappeler qu'on a autrefois démontré telle ou telle vérité et de se l'imprimer dans l'esprit par la coutume, « car d'en avoir toujours les preuves présentes, c'est trop d'affaire ; » il suffit de les avoir vues « une fois en sa vie [59] ». Mais il y a dans l'homme à l'endroit de Dieu des difficultés, d'ordre surtout moral, que les vérités géométriques ne rencontrent pas : l'homme qui ne veut pas croire, qui est intéressé à ne pas croire, ne croira pas [60] ; il cher-

---

[58] < H. I, 11. M. 321. B. 469. « Je sens que je puis n'avoir point été, car le moi consiste dans ma pensée : donc moi qui pense n'aurais point été, si ma mère eût été tuée avant que j'eusse été animé ; donc je ne suis pas un être nécessaire. Je ne suis pas aussi éternel, ni infini ; mais je vois bien qu'il y a dans la nature un être nécessaire, éternel et infini. » > — Cf. dans le fragment sur l'infini et le pari, cette addition, en marge dans le manuscrit (omise par Havet), qui est, en abrégé, l'argument de Bossuet et de Malebranche : « N'y a-t-il point une vérité substantielle, voyant tant de choses qui ne sont point la vérité même ? » M. 6 [5]. B. 233. p. 436.

[59] M. 424. H. X, 8. B. 252.

[60] Esp. géom. II. B. p. 187. Il y a des rencontres « où les choses qu'on veut faire croire sont bien établies sur des vérités connues, mais qui sont en même temps contraires aux plaisirs qui nous touchent le plus. Et celles-là sont en grand péril de

chera, s'il le faut, dans « le divertissement » un moyen d'oublier ces preuves troublantes et il n'y réussira que trop facilement, car « le monde ordinaire « a le pouvoir de ne pas songer à ce qu'il ne veut pas « songer[61] ». Il faut donc appliquer ici beaucoup moins l'art de convaincre que celui d'agréer. C'est à quoi Pascal vise dans son apologie, et l'on comprend dès lors qu'il n'ait pas voulu débuter par ces preuves métaphysiques ou scientifiques[62] auxquelles l'esprit de l'homme est, selon lui, si mal préparé. Même il ne veut pas les employer du tout, parce qu'il s'agit pour lui d'arriver, non au déisme, « que la religion chrétienne abhorre presque » autant que l'athéisme[63], mais au christianisme, — non à un Dieu qui soit simple-

faire voir, par une expérience qui n'est que trop ordinaire, ce que je disais au commencement : que cette âme impérieuse, qui se vantait de n'agir que par raison, suit par un choix honteux et téméraire ce qu'une volonté corrompue désire, quelque résistance que l'esprit trop éclairé puisse y opposer. C'est alors qu'il se fait un balancement douteux entre la vérité et la volupté, et que la connaissance de l'une et le sentiment de l'autre font un combat dont le succès est bien incertain, puisqu'il faudrait, pour en juger, connaître tout ce qui se passe dans le plus intérieur de l'homme, que l'homme même ne connait presque jamais. » Cf. Leibniz. Nouv. Ess. I. 2, 12. Edition Janet, t. I, p. 62.

[61] H. XXV, 20. M. 98. B. 259.

[62] Droz (Etude sur le scepticisme de Pascal considéré dans le livre des Pensées. p. 93) a raison, selon moi, d'insister sur la répugnance toute particulière que devaient inspirer à Pascal les preuves pseudoscientifiques en faveur chez quelques-uns de ses contemporains, par exemple celle que Grotius tirait de l'horreur du vide (De veritate rel. christ. l. 1. c. 7). Cf. < H. X, 6. M. 926. B. 243 : « David, Salomon, etc. jamais n'ont dit : « Il n'y a point de vide, donc il y a un Dieu. » >

[63] < H. XXII, 6. M. 919 [13]. B. 556, p. 581. >

ment l'auteur des vérités géométriques ou la provi-
dence temporelle de ses adorateurs, non au Dieu des
philosophes ou des païens, ni au Dieu des Juifs char-
nels, mais au Dieu des chrétiens, au Dieu d'Abraham,
d'Isaac et de Jacob, Dieu d'amour et de consolation qui
« remplit l'âme et le cœur de ceux qu'il possède,... qui
« leur fait sentir intérieurement leur misère et sa mi-
« séricorde infinie ; qui s'unit au fond de leur âme ;
« qui la remplit d'humilité, de joie, de confiance,
« d'amour ; qui les rend incapables d'autre fin que de
« lui-même [64]. » Il s'est trompé sans doute en croyant
que le christianisme ne suppose pas la connaissance
préalable du Dieu de la nature [65] ; il se serait trompé

[64] < II. XXII, 3. M. 919 [12]. B. 556, p. 581. > Cf. le Mémorial, que Pascal portait toujours sur lui, du 23 nov. 1654 (B.
p. 142) : « Dieu d'Abraham, Dieu d'Isaac, Dieu de Jacob, non
des philosophes et savants. Certitude, joie, certitude, sentiment, vue, joie. Dieu de Jésus-Christ. » Je reproduis ici la
« copie figurée » d'Etienne Périer, reproduite phototypiquement
par M. Brunschvicg au tome IV de sa grande édition des Œuvres de Pascal et qui est peut-être pour quelques légères variantes une reproduction du parchemin perdu plus exacte que
la copie autographe de Pascal.

[65] Voir le discours de S. Paul devant l'Aréopage d'Athènes
(Actes des Ap. XVII, 22 sq. « Deus qui fecit mundum et omnia
quæ in eo sunt... ») et, à l'autre extrémité de l'histoire de
l'Eglise, la définition du concile du Vatican en 1870 : « Ecclesia
tenet et docet Deum, rerum omnium principium et finem, *naturali* humanæ rationis lumine e rubus creatis *certo* cognosci
posse... Si quis dixerit Deum unum et verum, Creatorem et Do-
minum nostrum, per ea quæ facta sunt, naturali rationis humanæ lumine certo cognosci non posse, anathema sit. » (Cons-
tit. Dei Filius, cap. 2, de revelatione, et ibid., can. 1. Denzinger,
Enchiridion symbolorum, 11ᵉ éd. n. 1787, 1806, précédemment
1636, 1653.) Cette définition est l'écho d'une tradition qui va des
premiers apologistes, à travers S. Augustin et S. Thomas d'Aquin.

surtout s'il avait réellement voulu insinuer que l'Ecriture ne prouve pas Dieu par ses œuvres [66]. Mais s'il

jusqu'à Bossuet et Fénelon. Cette tradition distingue l'existence de Dieu, vérité de raison, des mystères de la foi, comme la Trinité, qui ne sont pas susceptibles de démonstration rationnelle. Pascal semble confondre ces deux ordres de vérités. < II. X. 5. M. 919 [11]. B. 556, p. 581. « Et c'est pourquoi je n'entreprendrai pas ici de prouver par des raisons naturelles, ou l'existence de Dieu, *ou la Trinité*, ou l'immortalité de l'âme, ni aucune des choses de cette nature... » > Ici encore, Pascal me paraît très janséniste, je veux dire très fidèle à pousser jusqu'au bout la logique interne du jansénisme, encore que les docteurs de Port-Royal fussent trop nourris de S. Augustin et trop circonspects pour le suivre jusque-là. Nicole ne pensait-il pas à lui quand il disait (Discours contenant en abrégé les preuves naturelles de l'existence de Dieu et de l'immortalité de l'âme. Ess. de mor. t. II, p. 27) : « Je suis persuadé que ces preuves naturelles ne laissent pas d'être solides. Il y en a d'abstraites et de métaphysiques, et je ne vois pas qu'il soit raisonnable de prendre plaisir à les décrier. »

[66] < II. X, 6. M. 926. B. 243. « C'est une chose admirable que jamais auteur canonique ne s'est servi de la nature pour prouver Dieu. » > — Cf. au contraire, le livre de la Sagesse, XIII. 5 : « A magnitudine enim speciei et creaturæ cognoscibiliter (d'après le grec, «analogiquement») poterit creator horum videri...» et S. Paul aux Romains, I, 19-21, à propos des païens : « Quia quod notum est Dei manifestum est in illis. Deus enim illis manifestavit. Invisibilia enim ipsius, a creatura mundi, per ea quæ facta sunt, intellecta conspiciuntur : sempiterna quoque ejus virtus, et divinitas : ita ut sint inexcusabiles. Quia cum cognovissent Deum, non sicut Deum glorificaverunt, aut gratias egerunt... » — D'ailleurs Pascal connaissait ces textes et leur véritable sens, puisqu'il écrivait à Mlle de Roannez : « Le voile de la nature qui couvre Dieu a été pénétré par plusieurs infidèles, qui, comme dit S. Paul, ont reconnu un Dieu invisible par la nature visible. » (fin d'oct. 1656. B. p. 214). C'est ce qui m'empêche de formuler cette critique d'une manière absolue. Cf. H. Bremond, IV, p. 385 : « Malgré quelques affirmations qui semblent nettement

n'avait pas cru à la possibilité, au moins théorique, de
démontrer l'existence de Dieu, il n'aurait pas parlé du
déisme comme d'une chose existante, de la connaissance qu'ont eue de Dieu les philosophes païens [67], de

fidéistes, pour ma part je ne pense pas que Pascal juge
notre raison incapable de prouver l'existence de Dieu. » On
verra dans les conclusions de ce travail la portée exacte que
je crois devoir donner à cette capacité.

[67] Cf. la note précédente, et en outre H. XXIV, 6 bis. M. 421.
B. 463 [titre effacé : Contre les philosophes qui ont Dieu sans
Jésus-Christ]. La pensée de Pascal sur toute cette question me
paraît admirablement développée dans un fragment assez long
dont les éditeurs antérieurs à M. Michaut avaient malheureusement brisé la continuité < M. 919. B. 556 >. On y verra que, si
Pascal a montré dans la nature toute sorte de difficultés à la connaissance de Dieu, c'est, conformément à son plan, pour mieux
démontrer la nécessité de Jésus-Christ médiateur : lui seul peut
nous découvrir le Dieu caché : la nature ne doit ni le dérober
entièrement, ni le montrer absolument à découvert. Il y a là du
jansénisme, mais point de scepticisme. Mme Périer me semble
aussi avoir bien rendu la pensée de son frère (Vie de Blaise
Pascal, B, p. 20) ; « ... Il disait aussi que ces sortes de preuves
ne nous peuvent conduire qu'à une connaissance spéculative de
Dieu ; et que connaître Dieu de cette sorte, était ne le connaître
pas. Il ne devait pas non plus se servir des raisonnements ordi-
naires que l'on prend des ouvrages de la nature ; il les respec-
tait pourtant, parce qu'ils étaient consacrés par l'Ecriture sainte
et conformes à la raison, mais il croyait qu'ils n'étaient pas
assez en proportion à l'esprit et à la disposition du cœur de
ceux qu'il avait dessein de convaincre. Il avait remarqué par
expérience que bien loin qu'on les emportât par ce moyen, rien
n'était plus capable au contraire de les rebuter et de leur ôter l'es-
pérance de trouver la vérité que de prétendre les convaincre ainsi
seulement par ces sortes de raisonnements contre lesquels ils se
sont si souvent raidis, que l'endurcissement de leurs cœurs les a
rendus sourds à cette voix de la nature ; et qu'enfin ils étaient
dans un aveuglement dont ils ne pouvaient sortir que par

ce Dieu principe des proportions des nombres et sujet subsistant des vérités éternelles, dont la connaissance peut bien être inutile pour le salut, mais n'en est pas moins possible à la raison.

Reste le fameux argument du pari [68]. N'oublions pas que c'est pour Pascal une démarche de la raison, et de la raison la plus infaillible, peut-être la seule infaillible, la raison mathématique. « Cela « est démonstratif, s'écrie-t-il dans la joie de sa dé-« couverte, et si les hommes sont capables de quel-« ques vérités, celle-là l'est. » Assurément, ce n'est pas sur de semblables raisonnements qu'il appuyait sa propre conviction de l'existence de Dieu. Tout nous porte à y voir un argument *ad hominem*, une suprême ressource de l'apologiste contre l'athée endurci, le joueur, l'homme de plaisirs, qu'il s'agit de réveiller de son apathie en lui faisant entendre la voix de l'intérêt et des calculs humains. Gardons-nous donc de prendre à la lettre ce que Pascal semble accorder, l'incertitude de Dieu au regard de la raison [69]. Mais précisé-

Jésus-Christ, hors duquel toute communication avec Dieu nous est ôtée, parce qu'il est écrit que personne ne connaît le Père que le Fils et celui à qui il plaît au Fils de le révéler. »

[68] H. X, t. M. 6. B. 233. Cf. A. Valensin, article *Pascal* dans le *Dictionnaire apologétique* et Cl. Besse : *B. Pascal. Le Pari* (1922).

[69] Bayle ne s'y est pas trompé : d'après lui (Dictionnaire historique, art. Pascal, note I) Pascal n'avoue point au « libertin » cette proposition que « par raison on ne peut prouver que Dieu est. » « Il veut seulement ne la point combattre et s'en prévaloir pour engager les athées à sortir de leur état. Il est clair comme le jour que les paroles de M. Pascal adressées au liber-

ment dans cet ordre de l'apologétique et comme procédé de l'art d'agréer, il est difficile de ne pas reconnaître qu'il attribuait à son argument une force bien plus grande qu'aux preuves métaphysiques pour arracher l'homme à sa torpeur. Et qui oserait dire qu'il se trompait en cela ? Ceux qui, à la même époque, déroulaient complaisamment la série traditionnelle ou renouvelée des arguments ontologique et cosmologique, un Descartes, un Bossuet, un Fénelon, paraissent n'avoir jamais été même effleurés par la tentation du doute et ne pas connaître d'aussi près ceux que Pascal appelait. pour cause, les « athées endurcis ». Et c'est pourquoi sans doute les âmes tourmentées de notre génération se reconnaissent plus volontiers dans les analyses psychologiques de Pascal et s'en montrent plus émues.

Il reste une question à examiner, non la moins délicate ni la moins importante : quelle part Pascal ac-

tin sont équivalentes à celles-ci : Vous soutenez que par raison vous ne pouvez dire que Dieu est. » — Aussi Pascal n'a-t-il de cesse que lorsqu'il a arraché à l'athée cette interrogation : « Mais encore n'y a-t-il pas moyen de voir le dessous du jeu ? » Et il répond aussitôt : « Oui, l'Écriture et le reste, etc. » Ainsi il arrive où il voulait, aux preuves positives. — Les éditeurs de Port-Royal n'étaient sans doute pas infidèles à leur auteur quand ils faisaient précéder de cet « Avis » le texte du « pari » : « Presque tout ce qui est contenu dans ce chapitre ne regarde que certaines sortes de personnes qui, n'étant pas convaincues des preuves de la Religion et encore moins des raisons des athées, demeurent en un état de suspension entre la foi et l'infidélité. L'auteur prétend seulement leur montrer, *par leurs propres principes* et par les simples lumières de la raison, qu'ils doivent juger qu'il leur est avantageux de croire »

corde-t-il au raisonnement dans la foi surnaturelle
proprement dite, dans l'adhésion à la religion révélée ?
Partout il déclare que la foi est un don de Dieu et non
un effet du raisonnement [70], que la preuve n'est qu'un
instrument de la foi [71], un instrument dont Dieu peut
se passer et que le sentiment du cœur remplace avantageusement pour ceux que Dieu inspire directement [72].
J'aurai à revenir sur ces textes à propos des autres
facteurs de la croyance. Mais, d'autre part, l'idée
même de l'Apologie, sans compter bien des affirmations expresses [73], prouvent qu'à ses yeux le raisonnement n'est pas inutile à la naissance de la foi dans les
cœurs. Dès 1648, il exprimait cette idée, dans une
conversation avec M. Rebours, à Port-Royal, que
« l'on pouvait, suivant les principes mêmes du sens
« commun, démontrer beaucoup de choses que les ad-
« versaires disent lui être contraires, et que le raison-
« nement bien conduit portait à les croire, quoiqu'il

[70] H. XXV, 40. M. 359. B. 279. — Cf. H. XXV, 209 [4]. M. 177.
B. 517. — < H. XXV, 138. M. 764. B. 516 >.

[71] H. X. 11. M. 58. B. 248.

[72] B. 284-287. H. XIII. 10-12. M. 855, < 843 >, (1847)). —
Voir ces textes cités plus haut, notes 9 (c) et 11.

[73] XXIV, 42. M. 33. B. 245. — < H. XI, 12. M. 939. B. 289 >. —
Il faut reconnaître d'ailleurs que plusieurs déclarations de ce
genre paraissent inspirées par la polémique janséniste et le besoin de justifier le refus de soumission aux instructions du
pape et des évêques. — Cf. H. XXIV, 3. M. 652. B. 185. — H.
XXV, 49. M. 561. B. 260. « L'autorité. Tant s'en faut que d'avoir
ouï dire une chose soit la règle de votre créance... » précédé
dans le manuscrit de ces paroles, qui visent probablement les
jésuites : « Ils se cachent dans la presse et appellent le nombre
à leur secours. Tumulte. »

« les faille croire sans l'aide du raisonnement[74] », et
cela avec une confiance si manifeste dans la puissance
de la raison qu'il scandalisa presque son interlocu-
teur et se vit rappeler, d'une manière assez morti-
fiante, à l'humilité chrétienne. Cette idée, il la reprend
dans sa conférence de 1657 ou 1658, dont Etienne
Périer et Filleau de la Chaise nous ont, chacun de son
côté, conservé le souvenir. « Après qu'il leur eut fait
« voir quelles sont les preuves qui font le plus d'im-
« pression sur l'esprit des hommes, et qui sont les
« plus propres à les persuader, il entreprit de montrer
« que la religion chrétienne avait autant de marques
« de certitude et d'évidence que les choses qui sont
« reçues dans le monde pour les plus indubitables... Il
« en dit assez pour convaincre que tout cela ne pou-
« vait être l'ouvrage des hommes, et qu'il n'y avait que
« Dieu seul qui eût pu conduire l'événement de tant
« d'effets différents qui concourent tous également à
« prouver d'une manière invincible la religion qu'il
« est lui-même venu établir parmi les hommes[78] ». —
« Il sera visible, » dit de son côté Filleau de la Chaise
« d'après M. Pascal, » « qu'on pourrait faire voir une
« si grande accumulation de preuves pour notre reli-
« gion qu'il n'y a point de démonstration plus con-
« vaincante et qu'il serait aussi difficile d'en douter
« que d'une proposition de géométrie, quand même
« on n'aurait que le seul secours de la raison[78] ». Nous

[74] Lettre à Mme Périer, 26 janv. 1648. B. p. 86.
[76] Préface de Port-Royal. B. p. 305 et 308.
[78] Traité qu'il y a des démonstrations d'une autre espèce et

avons dans le manuscrit des Pensées une note dont
Pascal s'est peut-être servi pour cette mémorable conférence [77] et qui témoigne d'un effort pour concilier
ces apparentes contradictions. Voici le discours qu'il
met dans la bouche de la Sagesse divine :

« Je n'entends pas que vous soumettiez votre créance
« à moi sans raison, et ne prétends pas vous assujettir
« avec tyrannie. Je ne prétends pas aussi vous rendre
« raison de toutes choses. Et pour accorder ces con-
« trariétés, j'entends vous faire voir clairement, par
« des preuves convaincantes, des marques divines en
« moi, qui vous convainquent de ce que je suis, et
« m'attirent autorité par des merveilles et des preuves
« que vous ne puissiez refuser ; et qu'ensuite vous
« croyiez sans [hésiter] les choses que je vous enseigne,
« quand vous n'y trouverez autre sujet de les refuser,
« sinon que vous ne pouvez par vous-mêmes connaître
« si elles sont ou non [78] ».

D'après cela il semblerait bien que, pour accorder
le côté rationnel de la foi avec son obscurité, pour
donner satisfaction à la raison et en même temps lais-
ser un libre jeu à la grâce et à la volonté libre, Pascal

---

aussi certaines que celles de la géométrie (Imprimé à la suite
des Pensées. Amsterdam. Abr. Wolfgang, 1688).

[77] M. 147. B. 430 (fragments dispersés dans II. XII, 1-4. 20, 5).
Cette note se compose de deux morceaux qui portent en tête
dans le manuscrit, de la main de Pascal : « A. P. R. Commencement ; après avoir expliqué l'incompréhensibilité. — A. P. R.
pour demain (Prosopopée). »

[78] H. XII, 5. M. 147 (19). B. 430, p. 525. Le mot « hésiter »,
omis par Pascal, a été rétabli par la copie.

met la clarté dans le fait de la révélation divine, invinciblement prouvé par les miracles et les prophéties [79], et l'obscurité dans la teneur même des dogmes
révélés qui, appuyés sur l'autorité, n'en restent pas
moins dans leur fond impénétrables à la raison.

Cette solution est assez ordinaire et d'aucuns la trou-

[79] On ne saurait trop insister sur l'importance de ces critères
externes, objectifs, aux yeux de Pascal. C'est lui qui a dit :
« On n'aurait point péché en ne croyant pas Jésus-Christ, sans
les miracles. » II. XXV, 94 bis. M. 417. B. 811. Il s'est approprié
cette réflexion de S. Augustin : < « Je ne serais pas chrétien
sans les miracles, dit S. Augustin. » > H. XXV, 94. M. 556.
B. 812. Aujourd'hui on aime trop à ne voir dans Pascal que
l'apologiste du cœur. Il ne faut pas oublier que la première partie de l'apologie, consacrée à l'étude de la nature humaine, et
que nous admirons de préférence, n'était à ses yeux qu'une
préparation, une sorte de propédeutique morale destinée à
rendre la religion aimable et vraisemblable (H. XXIV, 26,
M. 69. B. 187). Après quoi, la preuve décisive reste à faire pour
montrer qu'elle est vraie : c'est le rôle des miracles et des prophéties, de toute la seconde partie de l'Apologie. Et si cette
partie nous frappe moins aujourd'hui, si M. Molinier a pu dire,
— non sans quelque injustice d'ailleurs, — que « roulant sur
des questions obscures de théologie et d'histoire religieuse, »
elle est « infiniment au-dessous de l'autre », il faut sans doute
faire la part de l'imperfection de la critique au temps de Pascal,
peut-être aussi de l'insuffisance de sa préparation technique.
Mais il faut aussi reconnaître que la seconde partie nous est
parvenue dans un état beaucoup plus fragmentaire que la première, sous forme bien souvent de citations tronquées et d'indications par trop sommaires, alors qu'au contraire elle paraît
avoir très vivement frappé les auditeurs de la conférence de
Port-Royal. — Cf. H. IX, 1. M. 898. B. 294 (a la fin). « Mais pour
ceux qui y apporteront une sincérité parfaite et un véritable
désir de rencontrer la vérité, j'espère qu'ils auront satisfaction,
et *qu'ils seront convaincus des preuves* d'une religion si divine,
que j'ai ramassées ici... »

vent toute simple. Elle ne va pas cependant sans de
graves difficultés. Car enfin, si je suis irrésistiblement
convaincu par l'évidence que c'est Dieu qui parle, comment puis-je encore, si je sais un peu ce qu'est Dieu,
refuser mon assentiment à ce qu'il dit ? Comment la
volonté peut elle s'exercer, dans ce second moment de
la croyance, si elle n'a déjà agi dans le premier, pour
me faire croire à l'autorité divine de celui qui parle ?
D'ailleurs, comment soutenir que les miracles ont,
même pour des témoins oculaires, cette sorte d'évidence nécessitante ? Beaucoup les ont vus qui n'ont
pas cru, non seulement au contenu du message divin,
mais à l'origine surnaturelle et à l'autorité du message. D'autres, qui les ont vus, n'ont cru, — Pascal
l'a assez affirmé, — que par un effet de la grâce divine
et de leur propre bonne volonté. Aussi nous offre-t-il,
tout aussitôt, une autre solution :

« Dieu a voulu racheter les hommes, et ouvrir le
« salut à ceux qui le cherchaient. Mais les hommes
« s'en rendent si indignes qu'il est juste que Dieu re-
« fuse à quelques-uns, à cause de leur endurcissement,
« ce qu'il accorde aux autres par une miséricorde qui
« ne leur est pas due. S'il eût voulu surmonter l'obsti-
« nation des plus endurcis, il l'eût pu, en se décou-
« vrant si manifestement à eux qu'ils n'eussent pu
« douter de la vérité de son essence... Voulant paraître
« à découvert à ceux qui le cherchent de tout leur cœur,
« et caché à ceux qui le fuient de tout leur cœur, il
« tempère sa connaissance, en sorte qu'il a donné des
« marques de soi visibles à ceux qui le cherchent, et

« non à ceux qui ne le cherchent pas. Il y a assez de
« lumière pour ceux qui ne désirent que de voir, et
« assez d'obscurité pour ceux qui ont une disposition
« contraire [80] ».

Cette idée revient souvent dans les Pensées. Parfaitement orthodoxe en elle-même, elle tient néanmoins au cœur du jansénisme et à la doctrine de l'endurcissement par de visibles racines : « On n'entend
« rien aux ouvrages de Dieu, si on ne prend pour principe qu'il a voulu aveugler les uns et éclairer les autres [81] ... Il y a assez de clarté pour éclairer les élus
« et assez d'obscurité pour les humilier. Il y a assez
« d'obscurité pour aveugler les réprouvés et assez de
« clarté pour les condamner et les rendre inexcusables [82] ». La conséquence pour la force probante de
l'apologétique est facile à déduire : « Les prophéties,
« les miracles mêmes et les preuves de notre religion
« ne sont pas de telle nature qu'on puisse dire qu'ils
« sont absolument convaincants [83]. Mais ils le sont

[80] H. XX, 1. M. 147 [20-22]. B. 430, p. 526.

[81] H. XX, 19. M. 112. B. 566. — Cf. B. 556 sq. et presque toute la section VIII (II. article XX). — On sait que Pascal a été jusqu'à dire, dans un moment d'exagération démenti, il est vrai, par d'autres paroles : « Les prophéties citées dans l'Evangile, vous croyez qu'elles sont rapportées pour vous faire croire ? Non, c'est pour vous éloigner de croire. » H. XX, 18. M. 376. B. 568. — Cf. < H. XXV, 42. M. 850. B. 825. « Les miracles ne servent pas à convertir, mais à condamner. » >

[82] H. XX, 1. M. 145. B. 578. Pascal ajoute entre parenthèses : « S. Augustin, Montaigne, Sebonde. »

[83] H. XXIV, 18. M. 292. B. 564. Il est essentiel de remarquer que ces expressions de Pascal diffèrent considérablement de

« aussi de telle sorte qu'on ne peut dire que ce soit
« être sans raison que de les croire... Ainsi, il y a de
« l'évidence et de l'obscurité, pour éclairer les uns et
« obscurcir les autres. Mais l'évidence est telle, qu'elle
« surpasse, ou égale pour le moins l'évidence du con-
« traire ; de sorte que ce n'est pas la raison qui puisse
« déterminer à ne pas la suivre ; et ainsi ce ne peut
« être que la concupiscence ou la malice du cœur. Et
« par ce moyen il y a assez d'évidence pour condamner
« et non assez pour convaincre afin qu'il paraisse qu'en
« ceux qui la suivent, c'est la grâce et non la raison
« qui fait suivre, et qu'en ceux qui la fuient, c'est la

celles dont s'est servie l'Église catholique dans le concile du
Vatican. Celui-ci appelle les miracles « divinæ revelationis signa
certissima et *omnium* intelligentiæ accommodata. » Const. Dei
Filius, c. 3 de fide. — Cf. ibid, can. 4. « Si quis dixerit... mi-
racula certo cognosci nunquam posse, nec iis divinam religionis
christianæ originem rite probari, anathema sit. » Mais il y a la
contre-partie, la liberté de la foi. « Si quis dixerit assensum
fidei christianæ non esse liberum, sed argumentis humanæ
rationis *necessario* produci... anathema sit. » (ibid. can. 5). Cf.
Denzinger, *Enchiridion symbolorum*, 11e éd. n. 1790, 1813, 1814,
précédemment 1639. 1860, 1861. La différence me parait être dans
les principes sur la grâce qui, d'après la doctrine catholique, est
suffisante pour *tous*, sans que d'ailleurs elle nécessite jamais la
liberté. — S. Thomas d'Aquin fixait déjà en ces termes le seul
sens catholique dans lequel on puisse entendre l'*areuglement*
des hommes par Dieu : « Dicitur (Deus) tradere eos in reprobum sensum in quantum non prohibet eos quin suum sensum
reprobum sequantur... Quod autem Augustinus dicit quod
« Deus inclinat voluntates hominum in bonum et malum », sic
intelligendum est quod in bonum quidem directe inclinat vo-
luntatem, in malum autem in quantum non prohibet. » Sum.
theol. 1ª 2ᵃᵉ, quaest. 79, art. 1, ad 1.

« concupiscence et non la raison qui fait fuir [84]... La
« clarté parfaite servirait à l'esprit et nuirait à la vo-
« lonté [85] ».

Force nous est donc d'adoucir les déclarations si ab-
solues que nous avons entendues tout d'abord sur
l'évidence *invincible* [86] des preuves de la religion. S'il
faut un effort de la volonté pour croire, s'il est toujours possible à la mauvaise volonté de ne pas croire,
cette évidence n'est pas contraignante de sa nature [87].

[84] H. XXIV. 18. M. 292. B. 564.

[85] H. XX. 3. M. 108. B. 581. — Cf. H. XXV. 185. M. 879. B. 587.
— H. XXV. 50. M. 813. B. 588. « Notre religion est sage et folle.
Sage, parce qu'elle est la plus savante et la plus fondée en
miracles, prophéties, etc. Folle, parce que ce n'est point tout
cela qui fait qu'on en est ; cela fait bien condamner ceux qui
n'en sont pas, mais non pas croire ceux qui en sont. Ce qui les
fait croire, c'est la croix. »

[86] Remarquons d'ailleurs que nous ne les avons entendues que
par l'intermédiaire de témoins qui ont bien pu en exagérer
l'expression. Pascal lui-même est plus modéré. Après avoir
exposé les preuves de la religion, il conclut : < « Il est indubi-
table qu'après cela, on *ne doit pas refuser*, en considérant ce
que c'est que la vie et que cette religion, de *suivre l'inclination*
de la suivre, si elle nous vient dans le cœur ; et il est certain
qu'il n'y a nul lieu de se moquer de ceux qui la suivent. » H. XI,
12. M. 929. B. 289. > Ailleurs, il distingue encore plus nettement
entre les « signes » de la vérité et la conviction effective, œuvre
de la grâce. H. XXV, 185. M. 879. B. 587. « Cette religion, si
grande en miracles, saints, Pères irréprochables ; savants et
grands, témoins ; martyrs... si grande en science, après avoir
étalé tous ses miracles et toute sa sagesse, elle réprouve tout
cela et dit qu'elle n'a ni sagesse, ni signes, mais la croix et la
folie. »

[87] Je répète qu'en tout ceci je ne cherche qu'à élucider la pensée personnelle de Pascal, sans prétendre exposer la doctrine

A vrai dire, Pascal ici encore nous a laissé le soin de chercher une conciliation. Je ne crois pas qu'il faille l'aller chercher bien loin : les preuves de la religion sont historiques ou, comme on dit parfois, d'ordre moral. Or, des preuves de cette nature n'ont pas ordinairement, quoi qu'en dise Filleau de la Chaise, le caractère contraignant des démonstrations géométriques. Elles peuvent fonder une certitude tout aussi forte, quoique d'un autre ordre, plus forte même en intensité pour le commun des esprits ; mais il sera toujours possible à un esprit raisonneur de s'y soustraire. Les objections pourront être futiles, mais il est d'expérience quotidienne qu'il suffit d'une passion, d'un intérêt quelconque, pour les grossir et tenir en échec les preuves les plus solides, celles-là mêmes qui suffisent amplement à convaincre un homme de bon sens, non prévenu contre les conséquences de la vérité. Il est des circonstances où il faut vouloir être raisonnable et où l'on ne fait taire des objections importunes contre des vérités, d'ailleurs démontrées [88], qu'en leur

de l'Eglise. J'ai donné à la note 83 les textes fondamentaux où celle-ci se résume. On peut voir les intéressantes discussions des théologiens sur le degré d'évidence des preuves apologétiques, miracles et autres, les uns leur accordant une sorte d'évidence morale qui laisse une place à la liberté, les autres tendant à exiger pour eux ou du moins à admettre une évidence nécessitante, sauf à expliquer autrement la liberté de la foi, par exemple, par l'obscurité des mystères en eux-mêmes : car il est bien entendu que les preuves apologétiques n'établiraient que le *fait* de la révélation, sans élucider la vérité révélée. Cf. S. Harent, article *Foi*, col. 406-435.

[88] Je dis : démontrées d'ailleurs, — car je crois avoir fait voir

fermant volontairement la porte. On peut trouver cela
étrange, mais c'est un fait, et si on laisse de côté les
abstractions pures, toutes nos certitudes de choses,
du moins chez quelques-uns d'entre nous, sont expo-
sées à passer par cette épreuve.

que telle est bien la pensée de Pascal, pourvu qu'on l'entende
d'une démonstration morale, et non géométrique. Mais je ne
parle ici que de la foi raisonnée qui est pour lui un cas particulier (cf. supr. note 9, *a*) et à laquelle il préfère, nous le verrons,
ce que j'appellerai la foi mystique. — Sur le rôle de la volonté
dans l'élimination des « doutes imprudents » dont il s'agit ici,
cf. S. Harent, article *Croyance*, col. 2386.

CHAPITRE II

LA COUTUME

«... Car il ne faut pas se méconnaître : nous sommes
« automate autant qu'esprit ; et de là vient que l'ins-
« trument par lequel la persuasion se fait n'est pas la
« seule démonstration. Combien y a-t-il peu de choses
« démontrées ! Les preuves ne convainquent que l'es-
« prit. La coutume fait nos preuves les plus fortes et
« les plus crues ; elle incline l'automate, qui entraîne
« l'esprit sans qu'il y pense. Qui a démontré qu'il sera
« demain jour et que nous mourrons ? Et qu'y a-t-il
« de plus cru ? C'est donc la coutume qui nous en per-
« suade : c'est elle qui fait tant de chrétiens, c'est elle
« qui fait les Turcs, les païens, les métiers, les soldats,
« etc..... [29] ».

[29] H. x, 8. M. 424. B. 252. — Pascal ajoute cette parenthèse,
dictée sans doute par un opportun scrupule d'exactitude théologique : « Il y a la foi reçue dans le baptême aux chrétiens de
plus qu'aux Turcs ». Il s'agit de la « fides infusa » ou « habi-
tus fidei » des théologiens, foi qui peut être inconsciente, ce
qui n'empêche pas, *du moins aux yeux de Pascal,* que le pro-
cessus psychologique de la croyance soit chez certains chrétiens
analogue à ce qu'il est chez les Turcs. Voir chez le R. P. Harent,
article *Foi* (col. 219-237), la discussion approfondie des diverses
opinions théologiques sur la certitude « respective » des raisons
de croire. Voir aussi le savant ouvrage du R. P. Gardeil sur *La*

Le fond de cette pensée est cartésien. Deux pièces essentielles dans l'homme : l'esprit et l'automate. Si nous étions esprits purs, il nous suffirait de l'intuition et du raisonnement. Mais pour faire la croyance vraiment humaine, « il faut faire croire nos deux pièces ». Il appartient à la coutume de faire suivre au corps sans résistance les convictions de l'esprit. Mais il arrive parfois tout au rebours que c'est le corps qui incline et même force l'esprit à croire. Il faut donc distinguer deux cas : tantôt la coutume suit une conviction raisonnée et ne fait que l'acclimater, l'enraciner dans nos organes ; tantôt au contraire, elle précède le raisonnement et en tient lieu.

Nous devons d'ailleurs rendre à Pascal une justice qu'on lui a trop souvent refusée : pour lui il n'y a de légitime emploi de la coutume que dans le premier cas [59]. Il ne s'agit pas de supprimer la raison pour lui substituer le mécanisme, mais de capter intelligemment le mécanisme pour lui faire suivre la raison : « Il faut avoir recours à la coutume *quand une fois*

Crédibilité et l'Apologétique (2ᵉ éd. Gabalda, 1912), dont les meilleures pages sont consacrées à l'examen des « suppléances » de la « crédibilité rationnelle. »

[59] H. XXIV, 7. M. 100. B. 615. « Il faut avouer que la religion « chrétienne a quelque chose d'étonnant. C'est parce que vous « y êtes né, dira-t-on. Tant s'en faut, je me raidis contre pour « cette raison-là même, de peur que cette prévention ne me su- « borne. » — H. XXV, 80. M. 164. B. 98. « La prévention indui- « sant en erreur... C'est une chose pitoyable de voir tant de « Turcs, d'hérétiques, d'infidèles, suivre le train de leurs pères « par cette seule raison qu'ils ont été prévenus chacun que c'est « le meilleur... »

« *l'esprit a vu où est la vérité*, afin de nous abreuver
« et nous teindre de cette créance, car d'avoir toujours
« les preuves présentes, c'est trop d'affaire [91] ». Là où
il dit : « Il faut ouvrir son esprit aux preuves, *s'y con-*
« *firmer* par la coutume ...[92] » il avait d'abord écrit :
s'y disposer par la coutume : la correction a son prix.
Quand donc il nous parlera d' « incliner la machine »,
voire même de nous abêtir, nous saurons comprendre.

Il est vrai que, quand il s'agit de la foi surnaturelle, il faut tenir compte d'un élément nouveau, l'inspiration, que l'on n'attire que par l'humiliation [93]. Mais encore l'humiliation ne doit pas aller jusqu'à croire sans raison, ce serait superstition [94]. « La raison ne se
« soumettrait jamais si elle ne jugeait qu'il y a des
« occasions où elle se doit soumettre [95] », si bien

[91] II. X, 8. M. 424. B. 252.

[92] H. XXIV, 42. M. 33. B. 245. Cf. II. XXIV, 37. M. 502. B. 536.
« Il faut se tenir en silence autant qu'on peut et ne s'entretenir
« que de Dieu, *qu'on sait être la vérité*, et ainsi on se la per-
« suade à soi-même. »

[93] II. XXIV, 42. M. 33. B. 245.

[94] H. XIII, 5 bis. M. 395. B. 254. — H. XXV, 47. M. 515. B. 256.
— « En vrai catholique et en vrai philosophe, s'adressant à l'orgueil humain fatigué de n'arriver qu'au doute, il lui conseille d'abandonner ses ténébreux systèmes, de s'humilier et de prier, afin que la grâce *secondant cette part meilleure de sa raison* qui lutte encore pour la foi, la fasse triompher... » Louis Veuillot. *Mélanges*, I, p. 371 ; « le plus pénétrant, le plus admirable commentaire du mystique abêtissez-vous de Pascal. » J. Lemaître. *Contemporains*, t. VI, p. 17 (citations de V. Giraud. *La philosophie religieuse de Pascal*, p. 24).

[95] H. X III, 4 M. 646. B. 270. Pascal cite ici S. Augustin (ep. 120

qu' « il n'y a rien de si conforme à la raison que ce
« désaveu de la raison [96] ».

En somme, — et l'examen attentif du fameux morceau sur le pari confirme cette interprétation [97], —
Pascal appelle la coutume au secours de la raison qui
voudrait croire, mais ne peut tout d'abord imposer
silence aux impressions du dedans, ce qui revient à
dire qu'il utilise la coutume pour réduire les résis-
tances d'une coutume contraire, déjà convaincue d'être
rebelle à la raison.

Quoi qu'il en soit d'ailleurs de son jugement critique sur la légitimité de la coutume en matière de
croyance, il a le droit, comme psychologue, comme
médecin de la nature humaine déchue, d'étudier cet
autre cas, trop fréquent, où la coutume prévient la
raison. Il l'a fait avec la hardiesse que l'on sait, et avec
d'autant plus de complaisance qu'il ne pouvait guère
souhaiter d'illustration plus saisissante de la faiblesse
de l'esprit humain. C'est une généralisation hâtive de
l'expérience [98] ; et c'est l'opinion des autres qui nous

ad Consent. 3. cf. Migne 33, 453) ; mais il se rencontre aussi
avec S. Thomas d'Aquin : « Non crederet homo nisi videret ea
« esse credenda, vel propter evidentiam signorum, vel propter
« aliquid hujusmodi. » (Sum. theol. 2ᵃ 2ᵃᵉ, quaest. 1, art. 4, ad 2).

[96] H. III, 6. M. 457. B. 272.

[97] H. X, 1. M. 6 [21]. B. 233, p. 140. « Apprenez au moins votre
« impuissance à croire, puisque *la raison vous y porte*, et que
« néanmoins vous ne le pouvez. Travaillez donc, non pas à vous
« convaincre par l'augmentation des preuves de Dieu, mais par
« la diminution de vos passions. »

[98] H. XXIV, 20 bis. M. 668. B. 222. « Athées. Quelle raison
ont-ils de dire qu'on ne peut ressusciter ?... Est-il plus facile de

en impose [99] ; c'est un jugement, entendu dès l'enfance et souvent répété autour de nous, qui nous engage à l'aveugle dans les diverses professions humaines [100] ; cordes d'imagination qui attachent le respect à tel ou tel état [101] ; ce sont les mœurs des pays qui fondent les droits et les devoirs, et la mode qui fait la justice comme elle fait l'agrément [102] ; c'est la superstition des grandeurs, qui plie la machine devant l'appareil extérieur de la royauté et pousse l'illusion jusqu'à nous faire voir le caractère de la Divinité sur le visage du prince [103]. Ce sont les fausses religions dans lesquelles

venir en être que d'y revenir ? La coutume rend l'un facile, le manque de coutume rend l'autre impossible ; populaire façon de juger. Pourquoi une vierge ne peut-elle enfanter ? » — H. III, 16. M. 687. B. 91. « Quand nous voyons un effet arriver toujours de même, nous en concluons une nécessité naturelle, comme qu'il sera demain jour, etc. »

[99] II. XXIV, 37. M. 502 [3]. B. 536. « L'homme est ainsi fait « qu'à force de lui dire qu'il est un sot, il le croit ; et à force de « se le dire à soi-même, on se le fait croire. »

[100] H. III, 4. M. 15. B. 97. « ... La coutume fait les maçons, sol-« dats, couvreurs... Tant est grande la force de la coutume que, « de ceux que la nature n'a fait qu'hommes, elle fait toutes les « professions des hommes. » Prenons garde cependant à ce qui « suit : «... et quelquefois la nature la surmonte et retient « l'homme dans son instinct, malgré toute coutume bonne ou « mauvaise. »

[101] II. VI, 62. M. 548. B. 304. — Cf. Discours sur les passions de l'amour. B. p. 127. « La mode même et les pays règlent souvent ce que l'on appelle beauté. C'est une chose étrange que la coutume se mêle si fort de nos passions. »

[102] < H. VI, 5. M. 204. B. 300 >.

[103] < H. V, 7. M. 229. B. 308 >. « La coutume de voir les rois

on demeure, uniquement parce qu'on y a été élevé,
« et la vraie même à l'égard de beaucoup de gens [104] ».
Ce sont même les concepts fondamentaux de la
géométrie, car « notre âme est jetée dans le corps, où
« elle trouve nombre, temps, dimension. Elle raisonne
« là-dessus et appelle cela nature, nécessité, et ne peut
« croire autre chose [105] ». Partout, semble-t-il, nos principes naturels ne sont que nos principes accoutumés [106];
même Pascal paraît avoir pressenti, avec une hardiesse surprenante, dans le rôle de l'hérédité, l'interprétation évolutionniste de l'idée de nature : « J'ai
« grand peur, dit-il, que cette nature ne soit elle-

accompagnés de gardes, de tambours, d'officiers et de toutes
les choses qui ploient la machine vers le respect et la terreur,
fait que leur visage, quand il est quelquefois seul et sans ces
accompagnements, imprime dans leurs sujets le respect et la
terreur... Et le monde, qui ne sait pas que cet effet vient de
coutume, croit qu'il vient d'une force naturelle, et de là viennent
ces mots : Le caractère de la Divinité est empreint sur son
visage, etc. »

[104] H. XXV. 20. M. 98. B. 259. — H. XXV, 80. M. 164. B. 98.
« C'est une chose pitoyable de voir tant de Turcs, d'hérétiques,
d'infidèles, suivre le train de leurs pères, par cette seule raison
qu'ils ont été prévenus chacun qu'il est le meilleur. » — H. X, 8.
M. 424. B. 252. « La coutume fait nos preuves les plus fortes
et les plus crues... C'est elle qui fait *tant de chrétiens*, c'est elle
qui fait les Turcs, les païens, les métiers, les soldats, etc. »

[105] H. X, 1. M. 6 [1]. B. 233. — Cf. H. XXV, 01. M. 9. B. 89.

[106] H. III, 13. M. 398. B. 92. « Qu'est-ce que nos principes na
« turels, sinon nos principes accoutumés ? Et dans les enfants,
« ceux qu'ils ont reçu de la coutume de leurs pères, comme la
« chasse dans les animaux ? Une différente coutume en donnera
« d'autres, principes naturels. »

« même qu'une première coutume, comme la cou-
« tume est une seconde nature [107] ».

Quelle est la raison psychologique de cette genèse
de la croyance par l'habitude ? Pascal l'a indiquée d'un
mot : c'est l'automatisme. Automatisme physiologique,
conçu à la manière de Descartes. mais plutôt en gros,
car nous savons qu'il n'aimait guère le détail en cette
matière [108] : il l'estimait inutile, incertain, pénible, voire
même quelque peu ridicule. Cela ne l'empêchait pas
de croire qu' « il y a des ressorts dans notre tête, qui
sont tellement disposés que qui touche l'un touche
aussi le contraire [109] ». N'y a-t il pas là comme un pres-
sentiment de l'association des idées et du rôle immense
qu'une école célèbre devait faire jouer à ce phénomène
dans l'explication de la vie mentale? A vrai dire, je
crois saisir, sous ce langage cartésien, comme une intuition de cette intime connexité du psychique et du
physiologique que les travaux contemporains ont tant
contribué à mettre en lumière. Que signifierait autrement cette idée si originale de faire croire l'automate ?
Pascal aurait approuvé, je crois, cette devise, étrange
au premier abord, de penseurs qui tenaient à lui par

[107] H. III. 13. M. 425. B. 93.

[108] H. XXIV, 100 bis. M. 371. B. 79. [« Descartes. Il faut dire en
« gros : Cela se fait par figure et mouvement, car cela est vrai.
« Mais de dire quels et composer la machine, cela est ridicule.
« Car cela est inutile, et incertain, et pénible. Et quand cela
« serait vrai, nous n'estimons pas que toute la philosophie
« vaille une heure de peine. »]

[109] [M. 282. B. 70]. Manque dans H.

plus d'une attache : « philosopher avec son corps [110] ».
Et, encore qu'il n'ait pas songé à développer ses idées
sur ce point et à remplir des précisions indispensables
les perspectives indéfinies qu'il nous ouvre, on ne peut
lui refuser le mérite d'une vue profonde et de ce que
j'appellerai volontiers un sens humain incomparable.

[110] Gratry, Ollé-Laprune.

CHAPITRE III

LE CŒUR

« Nous connaissons la vérité, non seulement par la
« raison, mais encore par le cœur [111]... Le cœur a ses
« raisons que la raison ne connaît point [112]... C'est le
« cœur qui sent Dieu et non la raison. Voilà ce que
« c'est que la foi : Dieu sensible au cœur, non à la
« raison [113]... »

Qu'est-ce que le cœur pour Pascal, et comment peut-
il être pour lui un moyen de connaissance ? Avait-il
emprunté cette expression aux livres jansénistes, et
par eux à S. Augustin [114] ? Mais S. Augustin lui-même

[111] < H. VIII, 6. M. 420. B. 282 >.

[112] H. XXIV, 5. M. 11. B. 277.

[113] H. XXIV. 5. M. 13. B. 278.

[114] Cf. Saint-Cyran. Lettres chrét. et spirit. 5ᵉ éd. t. I, lettre 74,
p. 531. (Paris, Le Mire, 1648). « Il n'y a point d'autre moyen
« de comprendre Dieu en ce monde que par le silence de la
« langue, par le sentiment du cœur et par le prosternement
« extérieur. » — Saci, Lettres chrét. et spirit. vol. 2, t. 3,
lettre 50, p. 600. (Paris, Desprez et Josset, 1690). « Je souhaite
« que Dieu vous fasse comprendre par un sentiment du cœur
« plus que par la pensée de l'esprit, que c'est lui qui est le
« père. » — Nicole, sur l'Evang. du 1ᵉʳ dim. de Carême
(contin. des Ess. de mor. t. X, p. 170). « Le cœur dispose de
« l'esprit. Il l'applique à quoi il veut. Il lui fait voir comme

s'inspirait du langage vulgaire, qui fait encore aujourd'hui un usage continuel du mot cœur dans le sens moral, et surtout de la Bible où sa signification est encore plus large [115]. Et Pascal n'avait pas besoin de

« grand tout ce qu'il aime et comme petit tout ce qui ne le
« touche point. »

[115] On sait notamment qu'en hébreu le mot *léb* (cœur) désignait, non pas seulement, comme dans nos langues, le siège de la vie morale, des sentiments et de la volonté, mais aussi, et tout spécialement, le principe des opérations intellectuelles (Gen. XVII, 17. Psalm. IV, 5. Is. LVII, I. Jer. XXIV, 7), de la mémoire (Deut. IV, 9. Prov. III, 3. IV, 21. Dan. VII, 28), de l'attention (Eccl. VIII, 9), le siège de la sagesse (III Reg. III, 12. Eccli. XXIII, 2). Il est question dans l'Ecriture du cœur sage et fou (Eccli. XXI, 29. Sap. XV, 10), de grandeur et de petitesse de cœur symbolisant la force ou la faiblesse de l'intelligence (III Reg. IV, 29. Eccli. XVI, 23). — Le cœur est « comme le centre de tout l'homme, le principe interne, à « la fois spirituel et animé, qui fait l'unité concrète de l'homme « et d'où part son activité dynamique et sa détermination « morale. Tout ce que le Grec ou l'Helléniste appellent *nous*, « *logos, syneidésis, thymos,* se trouve renfermé dans le cœur, et « tout ce qui affecte le corps (bâsâr) ou l'âme (néfésch) arrive « dans le *léb* à être connu clairement. » (Franz Delitzsch. *System der biblischen Psychologie.* Leipzig, 1861, p. 551). C'est dans ce sens que S. Paul parle des yeux du cœur (Eph. I. 18), expression que Pascal a reproduite : « les yeux du cœur qui voient la sagesse. » II. XVII, 1. M. 138 [5]. B. 793. — Il est à remarquer qu'Homère emploie le mot cœur dans le même sens (Iliade XXI, 441). Chez Aristote le cœur, organe de la vie sensitive, joue encore un grand rôle dans la connaissance. De même, les Latins qualifiaient de *cordatus* l'homme de bon sens. Je crois qu'une étude bien conduite de sémantique historique nous ferait constater, en remontant dans l'antiquité, une localisation de plus en plus vague des fonctions psychiques ; n'en reste-t-il pas encore quelque chose dans la locution : apprendre *par cœur* ? — J'emprunte la plupart des citations de

recourir à une autre source qu'à sa connaissance profonde de la langue : c'est merveille de voir comme il
sait lui garder une verdeur toute populaire. Il n'a pas
défini ce qu'il entendait par le cœur. Peut-être en
aurait-il dit, comme des termes premiers de la géométrie : « On voit assez qu'il y a des mots incapables
« d'être définis ; et si la nature n'avait suppléé à ce
« défaut par une idée pareille qu'elle a donnée à tous
« les hommes, toutes nos expressions seraient con-
« fuses, au lieu qu'on en use avec la même assurance
« et la même certitude que s'ils étaient expliqués
« d'une manière parfaitement exempte d'équivoques ;
« parce que la nature nous en a elle-même donné, sans
« paroles, une intelligence plus nette que celle que l'art
« nous acquiert par nos explications [110] ».

Et cependant, il faut l'avouer, le mot est équivoque
et on peut le rendre responsable pour une bonne part
des doutes importuns qui n'ont cessé d'obscurcir, soit
le livre des Pensées, soit la question de la croyance en
général. Essayons de préciser par des textes de Pascal
les diverses acceptions philosophiques qu'il peut recevoir.

Le cœur pour Pascal, c'est d'abord, comme pour
tout le monde, la faculté des sentiments, émotions,
inclinations, de tout ce qu'on appelle « phénomènes
affectifs. » Ainsi, dès le début du Discours sur les

cette note au *Dictionnaire de la Bible* de Vigouroux, art. Cœur
(Lesêtre).

[110] Espr. géom. I. B. p. 169.

passions de l'amour [117] : les pensées pures fatiguent
l'homme, « il est nécessaire qu'il soit quelquefois a-
« gité des passions, dont il sent dans son *cœur* des
« sources si vives et si profondes... Nous naissons
« avec un caractère d'amour dans nos *cœurs* qui se
« développe à mesure que l'esprit se perfectionne, et
« qui nous porte à aimer ce qui nous paraît beau, sans
« que l'on nous ait jamais dit ce que c'est [118] ». Ainsi
encore dans les Pensées : « Je dis que le cœur aime
« l'être universel naturellement, selon qu'il s'y adonne,
« et il se durcit contre l'un ou l'autre à son choix ...[119]
« L'intelligence des biens premis dépend du cœur
« qui appelle bien ce qu'il aime ...[120]. Le cœur a son
« ordre :... on ne prouve pas qu'on doit être aimé en

[117] B. p. 123. — J'ai peu cité ce curieux Discours, bien qu'il con-
tienne des renseignements précieux sur la philosophie de Pascal
et nous le montre vraisemblablement au point extrême de la
courbe décrite par lui durant « la période mondaine ». Il faudrait un bon commentaire philosophique qui distinguât les diverses stratifications de la pensée de l'auteur, et, sur le fond
cartésien, les idées originales qui annoncent la philosophie du
cœur et les Pensées. D'aucuns ont douté de l'authenticité du
morceau, entre autres Brunetière, Etudes crit. III, p. 42-44. Elle
a été défendue par M. Michaut et paraît généralement admise
aujourd'hui. Cf. V. Giraud, *Revue des Deux-Mondes*, 1ᵉʳ août
1920.

[118] B. p. 125. — « Il y a une place d'attente dans leur cœur,
elle s'y logerait. » Ibid. p. 127 — « Quand on aime fortement,
c'est toujours une nouveauté de voir la personne aimée. Après
un moment d'absence, on la trouve de manque dans son cœur. »
Ibid. p. 135.

[119] H. XXIV, 5. M. 11. B. 277.

[120] H. XX, 11. M. 32. B. 758

« exposant d'ordre les causes de l'amour : cela serait
« ridicule [131] ».

Dans ce sens, le *cœur* est souvent synonyme de
volonté [132]. On sait, en effet, que la philosophie scolastique. — dont le cartésianisme, sur ce point et sur plusieurs autres, a plus ou moins conservé le langage, en
même temps qu'il modifiait profondément les doctrines, — employait ce mot dans un sens beaucoup plus
large qu'on ne l'a fait depuis. par exemple dans l'éclec-
tisme. Celui-ci en a restreint la signification aux seuls
actes libres ou supposés tels [133], l'opposant d'une part

[131] H. VII, 19. M. 156. B. 283.

[132] Comparer H. VII, 11. M. 688. B. 81. « L'esprit croit naturel-
« lement et la *volonté aime* naturellement... » et H. XXIV, 5.
M. 11. B. 277. « Je dis que le cœur aime l'être universel natu-
« rellement et soi-même naturellement... » — Cf. Nicole, Ess.
de mor. t. X. p. 435. « C'est donc une chose bien importante
« que ce qu'on appelle le cœur, c'est-à-dire le fond de la volonté. »
(sur l'évangile du mercredi de la 3e semaine de Carême).

[133] On pourrait dire, pour ne pas préjuger la question, les actes
réfléchis. — La distinction entre le sentiment et la volonté, qui
devait s'effacer dans la scolastique péripatéticienne, paraît avoir
été pressentie par S. Anselme. Voici ce que dit de lui son contemporain Guibert de Nogent (De vita sua, lib. I. c. 17. Migne
P. L. t. CLVI, col. 874, D) : « Is itaque tripartito aut quadripar-
« tito mentem modo distinguere docens. *sub affectu, sub volun-*
« *tate*, sub ratione, sub intellectu commercia totius interni mys-
« terii tractare et quae una a plerisque et a me ipso putabantur
« certis divisionibus resoluta, *non idem duo prima* fore mons-
« trabat, quae tamen accedentibus quarto vel tertio eadem mox
« esse promptis assertionibus constabat. Super quo sensu cum
« quaedam evangelica capitula mihi disseruisset, cum primum
« quidem *quid inter velle et affici* distaret luculentissime ape-
« ruisset... » — Aujourd'hui, il est curieux de constater que le
mot de volonté tend à reprendre une signification plus large

à l'intelligence, de l'autre à la sensibilité, c'est-à-dire
à l'ensemble des phénomènes affectifs. Au contraire,
dans l'ancienne philosophie, la volonté ou appétit intellectuel (ainsi appelé par opposition à l'appétit sen-
sitif ou organique) comprenait, outre les volitions
libres, toutes les émotions ou inclinations purement
spirituelles, c'est-à-dire où le corps était censé n'a-
voir point de part, leur déterminant immédiat étant
une idée pure, non une sensation ou une image. Ainsi
on parle des « affections de la volonté, » et l'amour de
Dieu est une de ces affections ; ce langage est encore
celui des auteurs spirituels, notamment quand ils
donnent à la volonté la prééminence sur l'intelligence.
S. Augustin en a fait un grand usage et les auteurs
jansénistes y recourent constamment.

Chez Pascal la synonymie des mots *cœur* et *volonté*
paraît surtout dans le second fragment de l'Esprit
géométrique appelé aussi quelquefois De l'art de per-

encore que dans la scolastique puisqu'on y fait entrer les formes
les plus élémentaires de l'activité psychique, réflexes, instincts,
etc... En revanche, le *sentiment* affirme de plus en plus une
originalité autrefois insoupçonnée. — Une école qui rappelle par
plus d'un point les tendances et les positions de Pascal, le criticisme, a profité de ces progrès de la langue philosophique pour
définir plus nettement les trois éléments de la croyance, « l'élément de la perception sensible ou rationnelle, l'élément passion-
nel, l'élément volontaire. » (Renouvier. Essais de crit. générale.
2e essai. Psych. rat. t. II. p. 137 sq.) Par contre beaucoup se
refusent avec Spinoza à voir aucune liberté dans la croyance.
(Cf. Fouillée. Critique des systèmes de morale contemporaine,
p. 86. 2e éd. Paris. Alcan. 1887). Il y a entre ces deux conceptions
la distance du déterminisme au criticisme. Mais nulle part l'élément *affectif* de la croyance ne peut être méconnu.

suader : « Personne n'ignore, dit-il, qu'il y a deux
« entrées par où les opinions sont reçues dans l'âme,
« qui sont ses deux principales puissances, l'enten-
« dement et la volonté... » Et plus bas : « Je dis que
« l'esprit et le cœur sont comme les portes par où
« elles sont reçues dans l'âme, mais que bien peu
« entrent par l'esprit, au lieu qu'elles y sont intro-
« duites en foule par les caprices téméraires de la
« volonté, sans le conseil du raisonnement [124] ». Dans ce
sens évidemment, entrer dans l'esprit par la porte du
cœur, c'est nous amener à croire ce que nous avons
d'abord désiré, exciter en nous le désir d'un bien pour
nous faciliter la croyance à la réalité, à la possibilité
de ce bien.

Mais cette synonymie en entraîne une autre, car le
mot de volonté prend de lui-même la signification
plus restreinte de libre arbitre, et le mot cœur se
trouve par là-même employé dans ce sens. Dans la
pensée déjà citée : « Je dis que le cœur aime l'être
« universel naturellement et soi-même naturellement,
« selon qu'il s'y adonne, et il se durcit contre l'un ou
« l'autre à son choix [125] », les premiers mots pourraient
désigner la volonté au sens large et cet appétit universel du bien d'où les scolastiques la faisaient déri-
ver [126], tandis que les derniers s'appliquent manifeste-

[124] B. p. 185 et 186.
[125] H. XXIV, 5. M. 11. B. 277.
[126] En réalité, il y a dans cette pensée, avec cette trace de l'aris-
totélisme scolastique, une saveur bien augustinienne. La distinction des deux amours, l'amour propre et l'amour divin, est

ment au libre arbitre, qui n'est peut-être qu'une forme
restreinte, un stade déterminé de cette inclination
générale.

Quel est le rôle de la volonté ou du cœur ainsi entendu dans la croyance ? Le fragment déjà cité de l'Esprit géométrique nous renseigne pleinement à ce sujet.
Pascal y constate, comme un fait de nature, l'immense
influence des mobiles affectifs sur nos jugements : « car
« tout ce qu'il y a d'hommes sont presque toujours
« emportés à croire, non par la preuve, mais par l'agré-
« ment [127] ». Mais en même temps, il voit là un désordre, un procédé « contre la nature » qu'il appartient
à la méthode géométrique de redresser, en habituant
les esprits à ne plus se déterminer que par la preuve,
« car on ne devrait jamais consentir qu'aux vérités démontrées. » Cependant une exception est formulée en
faveur des vérités surnaturelles : celles-ci, à l'inverse
des vérités scientifiques, doivent entrer « du cœur
dans l'esprit, et non pas de l'esprit dans le cœur [128] »,

une des idées maîtresses du docteur de la grâce. Pascal lui-
même y revient souvent. Cf. M. 4. B. 660 et toutes les pensées
sur la *concupiscence* (voir l'index des éditions Brunschvicg, à ce
mot).

[127] Espr. géom. II. B. p. 185.

[128] Il est juste de reconnaître que cela même n'est pas pour
Pascal l'état idéal de l'homme, mais une conséquence du péché
originel et un châtiment miséricordieux par lequel Dieu a voulu
punir, en les guérissant, les égarements du cœur : « pour hu-
« milier cette superbe puissance du raisonnement qui prétend
« devoir être juge des choses que la volonté choisit, et pour
« guérir cette volonté infirme, qui s'est toute corrompue par
« ses sales attachements... Et c'est pour punir ce désordre par

et c'est une perversion, qui est le fait de l'orgueil, de les vouloir soumettre au contrôle de la raison [82]. Il y a là une sorte de dualisme intellectuel et une manière de cloison étanche entre la science et la foi, qui peut nous surprendre, mais qui était, pour Pascal, un héritage paternel et le résultat d'une éducation où l'on retrouve bien l'esprit général du siècle de Descartes. Ecoutons là-dessus Mme Périer : « Il ne s'était jamais « porté au libertinage pour ce qui regarde la religion, « ayant toujours borné sa curiosité aux choses natu- « relles. Il m'a dit plusieurs fois qu'il joignait cette « obligation à toutes les autres qu'il avait à mon père, « qui, ayant lui-même un très grand respect pour la

« un ordre qui lui est conforme, que Dieu ne verse ses lumières « dans les esprits qu'après avoir dompté la rébellion de la vo- « lonté par une douceur toute céleste qui la charme et qui l'en- « traîne. » B. p. 185 et 186.

[82] C'est le reproche constamment adressé par Jansénius à la scolastique (Cf. *Augustinus*, t. II, partie prélim. c. 3 et 4) et que Pascal lui-même a pris à son compte. Cf. H. XXIV, 8. M. 37. B. 561. « On ne dit pas : « Il faut croire cela, parce que l'Ecriture, qui le dit, est divine » ; mais on dit qu'il le faut croire par telle et telle raison, qui sont de faibles arguments, la raison étant flexible à tout ». — Mais, après ce que j'ai dit au chap. I, du rôle de la raison dans la préparation à la foi, on doit comprendre que, s'il est une critique rationnelle dont Pascal réprouve l'intervention dans les choses surnaturelles, c'est celle qui porterait sur le contenu et l'ordonnance interne des mystères, non sur le fait même de la révélation et ses preuves historiques. Ici la critique doit s'exercer, et toute la partie positive de l'Apologie trace la voie à suivre dans ce sens. S'il est facile d'y relever des traces d'inexpérience en matière historique, et plus encore de l'imperfection de la critique en ce temps, ces défauts ne sauraient nuire à l'esprit général de la méthode (v. supr., note 79).

« religion, le lui avait inspiré dès l'enfance, lui don-
« nant pour maxime que tout ce qui est l'objet de la
« foi ne le saurait être de la raison, et beaucoup moins
« y être soumis [130] ». Dans sa lutte sur la question du
vide avec le P. Noël, Pascal affiche les mêmes principes [131]. Et à peine est-il converti par le jansénisme à
une vie chrétienne plus sévère qu'il montre dans
l'affaire Saint-Ange toute la jalousie de sa foi, sou-
cieuse avant tout de maintenir la distinction des deux
ordres, naturel et surnaturel [132]. Peu après, se place la
conversation avec M. Rebours à Port-Royal. Si Pascal
y fait appel au raisonnement, ce ne peut être, comme

[130] Vie de Blaise Pascal. B. p. 11.

[131] Fragment d'un Traité du Vide : « Pour donner la certitude
« entière des matières les plus incompréhensibles à la raison,
« il suffit de les faire voir dans les livres sacrés (comme, pour
« montrer l'incertitude des choses les plus vraisemblables, il
« faut seulement faire voir qu'elles n'y sont pas comprises) ;
« parce que ses principes [de la théologie] sont au-dessus de la
« nature et de la raison, et que, l'esprit de l'homme étant trop
« faible pour y arriver par ses propres efforts, il ne peut par-
« venir à ces hautes intelligences s'il n'y est porté par une
« force toute-puissante et surnaturelle... Il faut relever le cou-
« rage de ces gens timides qui n'osent rien inventer en physi-
« que, et confondre l'insolence de ces téméraires qui produisent
« des nouveautés en théologie. » B. p. 75 et 77.

[132] Le frère Saint-Ange soutenait qu' « un esprit vigoureux
« peut sans la foi parvenir par un raisonnement à la connais-
« sance de tous les mystères de la religion, excepté seulement
« pour comprendre que Dieu est notre fin surnaturelle. » D'après
lui « la foi n'est aux faibles qu'un supplément au défaut de leur
raisonnement. » (Urbain. Un épisode de la vie de Camus et de
Pascal. *Rev. de la Société d'hist. litt. de la France*, 15 janv. 1895,
p. 3 et suiv. Cf. B. p. 12 et 56).

dans les Pensées, que pour préparer à la foi, non pour
prouver les mystères en eux-mêmes, car il faut croire
« sans l'aide du raisonnement [133] ». S'il a évolué plus
tard, après sa seconde conversion, ce ne peut être dans
le sens du rationalisme, mais plutôt du mysticisme,
qu'il chargerait volontiers, nous le verrons, de vérifier
les bases mêmes de la science.

Mais, en dehors de son jugement critique sur la valeur des croyances volontaires, on aimerait à savoir
l'idée précise qu'il se faisait du mécanisme psychologique de cet acte. Nous avons à ce sujet un fragment
de première importance :

« Il y a une différence universelle et essentielle entre
« les actions de la volonté et toutes les autres. La
« volonté est un des principaux organes de la créance ;
« *non qu'elle forme la créance*, mais parce que les
« choses sont vraies ou fausses, selon la face par où
« on les regarde. La volonté qui se plaît à l'une plus
« qu'à l'autre, détourne l'esprit de considérer les qua-
« lités de celles qu'elle n'aime pas à voir ; et ainsi
« l'esprit, marchant d'une pièce avec la volonté, s'ar-
« rête à regarder la face qu'elle aime, et ainsi il en
« juge par ce qu'il y voit [134] ».

D'après cela, la volonté semble n'être qu'une cause

---

[133] Lettre à Mme Périer, 26 janv. 1648. B. p. 86. Ci-dessus, p. 36.
— « Qu'on pèse bien ces paroles de ce jeune homme de vingt-
quatre ans : nous avons là, dans un raccourci lumineux, l'idée
mère de la future Apologie. » V. Giraud. *La philosophie reli-*
gieuse de Pascal, p. 11.

[134] H. III, 10. M. 348. B. 99.

indirecte de la croyance : son rôle se bornerait à tourner l'esprit du côté où il lui plaît de regarder, ce qui laisserait aux preuves, aux motifs d'ordre intellectuel, toute l'efficacité directe en matière d'adhésion.

On pourrait concevoir une influence plus directe : la clarté demeurant la même pour l'esprit, la volonté irait jusqu'à lui faire mépriser les doutes imprudents, les objections auxquelles aussi bien il pourrait céder en encourant le reproche de témérité [135] ; elle le ferait affirmer, non pas au delà de ce qu'il voit, mais avec une assurance que n'ébranleraient pas les obscurités de la vision. Je dois avouer qu'arrivé à ces dernières précisions, il me paraît bien difficile de déterminer la pensée de Pascal. Le fragment que je viens de citer me semble rester plutôt en deçà de ce qui est affirmé ailleurs de l'empire du cœur sur l'esprit. Mais nous ne pouvons oublier que nous n'avons que des fragments...

D'ailleurs, si cette question reste obscure, Pascal ne nous a rien laissé à désirer sur la nature de la disposition morale qui lui paraît la meilleure préparation à la foi : « Ceux qui croient sans avoir lu les Testaments, « c'est parce qu'ils ont une disposition intérieure toute « sainte, et que ce qu'ils entendent dire de notre reli- « gion y est conforme. Ils *sentent* qu'un Dieu les a

---

[135] Voir ci-dessus, chap. I, p. 44. Beaucoup d'objections contre cette théorie, considérée comme une explication *psychologique* des faits, tombent dès là qu'on distingue le doute *raisonnable* et le doute *possible*. Quant à la justification rationnelle de ce mode humain de se fixer dans la certitude, cf. S. Harent, art. *Croyance*, col. 2380 et suiv.

« faits ; ils ne *veulent* aimer que Dieu ; ils ne veulent
« haïr qu'eux-mêmes. Ils *sentent* qu'ils n'en ont pas la
« force d'eux-mêmes, qu'ils sont incapables d'aller à
« Dieu, et que si Dieu ne vient à eux ils sont inca-
« pables d'aucune communication avec lui [136]. Et ils en-
« tendent dire dans notre religion qu'il ne faut aimer
« que Dieu, et ne haïr que soi-même, mais qu'étant
« tous corrompus, et incapables de Dieu, Dieu s'est fait
« homme pour s'unir à nous. *Il n'en faut pas davan-
« tage* pour persuader des hommes qui ont cette dis-
« position dans le cœur et qui ont cette connaissance
« de leur devoir et de leur incapacité [137] ».

C'est grâce à ces harmonies préalables entre nos
désirs ou nos dispositions morales et la vérité objecti-
vement présentée que s'exerce dans la foi l'influence
de la volonté ou du cœur sur l'intelligence [138]. Dans

[136] « La première chose que Dieu inspire à l'âme qu'il daigne
toucher véritablement est une connaissance et une vue tout
extraordinaire par laquelle l'âme considère les choses et elle-
même d'une façon toute nouvelle. » (au début de l'opuscule
intitulé : Sur la conversion du pécheur. B. p. 196).

[137] < H. XIII, 11. M. 843. B. 286. > — Cf. II. XI, 4. M. 825.
B. 468. « Nulle autre religion n'a proposé de se haïr. Nulle autre
religion ne peut donc plaire à ceux qui se haïssent et qui cherchent un être véritablement aimable. Et ceux-là, s'ils n'avaient
jamais ouï parler de la religion d'un Dieu humilié, l'embrasse-
raient incontinent. » — Ces dispositions morales, données par
Pascal comme immédiatement préparatoires à la foi, rappellent
de bien près celles que le R. P. Gardeil, dans son beau livre
sur « la Crédibilité et l'Apologétique » (Paris, Gabalda, 1908,
2e éd. 1912) appelle des « suppléances subjectives de la crédibilité. »

[138] Il est bien entendu qu'en parlant du rôle de la volonté libre

toute la première partie de son Apologie, Pascal travaille à créer ces dispositions dans l'âme de l'incrédule en ouvrant les voies à la grâce. Dans ce but, il dispose ses preuves selon les règles subtiles de l'art d'agréer, dans cet « ordre du cœur » qu'il a si bien décrit, qui consiste en la convergence des preuves par « la digression sur chaque point qu'on rapporte à la

dans la foi, je n'oublie pas plus que Pascal lui-même le rôle souverain de la grâce ou de l' « inspiration ». Dieu seul peut nous faire croire comme il faut pour le salut (voir plus haut, p. 7, note 9, c). Mais, comme l'a fort bien dit Boutroux (Rev. des cours et conf. 12 mai 1898. VI° année, 2e série, p. 386), « la grâce « divine ne saurait agir sans se manifester par des phénomènes « de volonté, d'intelligence, de mouvement. Or, nous pouvons « imiter ces phénomènes. Et tandis que nous les imitons, il est « possible que Dieu se substitue à nous pour les provoquer et « les développer. » La foi seule peut discerner sous ces phénomènes psychologiques, extérieurement semblables aux autres, l'essence surnaturelle dont ils sont les accidents ou espèces sensibles. Et c'est pourquoi je n'ai pas consacré un chapitre spécial à l'étude de l' « inspiration », que je parais confondre avec la spontanéité morale ou le « cœur. » Il est de foi catholique que la volonté ne peut nous faire croire d'une foi salutaire que sous l'action de la grâce, mais il n'est pas moins vrai que la grâce agit sur l'intelligence, tant que dure l'état de voie, principalement par l'intermédiaire de la volonté. Et c'est pourquoi peut-être l'Écriture attribue notre vie spirituelle à l'action du Saint-Esprit. l'Amour incréé, en attendant le jour où dans la vision se consommera la chaste union du Verbe et de l'intelligence. Quant à ces préludes immédiats de la vision qui appartiennent à l'état mystique consommé, à la « contemplation parfaite », au « mariage spirituel », et où, comme l'indique cette dernière et classique métaphore, l'union est peut-être plus immédiate entre l'intelligence humaine et la Sagesse éternelle, ce n'est pas ici le lieu d'en parler plus longuement.

fin, pour la montrer toujours [139] ». Arrivé au point de désirer que la religion soit vraie, l'incrédule n'aura presque plus d'efforts à faire pour croire [140]. Mais encore ne faut-il pas négliger de lui apporter des preuves positives, afin que sa conviction soit raisonnable : Pascal aime mieux « se roidir » contre ses dispositions affectives et coutumières que de croire sans raison [141]. Le fidèle simple peut, il est vrai, n'avoir pas besoin de ces preuves : il se peut qu'il ne sache pas rendre compte à qui les lui demande des raisons de sa croyance et qu'ainsi sa persuasion, tout affective, soit extérieurement semblable à celle du Turc ou de l'hérétique de bonne foi. Mais, du moins, un fidèle instruit pourra faire pour lui la preuve demandée : il pourra démontrer par les prophéties que la persuasion du simple est une véritable inspiration divine, tandis que celle du Turc ne l'est pas [142]. Et c'est ainsi que, si

[139] II. VII, 19. M. 156. B. 283.

[140] «... Il faut commencer par montrer que la religion n'est point contraire à la raison : vénérable, en donner respect : la rendre ensuite aimable, faire souhaiter aux bons qu'elle fût vraie *et puis, montrer qu'elle est vraie.* Vénérable parce qu'elle a bien connu l'homme : aimable parce qu'elle promet le vrai bien. » (H. XXIV, 26. M. 69. B. 187.)

Mme Périer (Vie de B. Pascal. B. p. 4.) « On peut dire que toujours et en toutes choses la vérité a été le seul objet de son esprit, puisque jamais rien ne l'a pu satisfaire que sa connaissance. » — C'est ici le lieu de rappeler la parole de Vinet : « Le désir n'est « pas un argument, mais il n'y a pas de mal que Dieu ait donné « à la vérité la figure du bonheur. » (Études sur B. Pascal, 3e éd. p. 255).

[141] II. XXIV, 7, M. 100. B. 615.

[142] ((H. XIII, 12. M. 847. B. 287. « J'avoue bien qu'un de ces

« l'intelligence des biens promis » ou l'estime personnelle que chacun peut accorder au salut et aux promesses surnaturelles « dépend du cœur qui appelle
bien ce qu'il aime », « l'intelligence du temps promis »
ou la vérification de la révélation n'en dépend point,
mais ressortit à la seule raison [143].

*
* *

Nous avons jusqu'ici étudié un premier sens du
mot *cœur*, ordinaire, autorisé par l'usage commun de
la langue et qui lui fait signifier l'émotivité, surtout
morale, l'ensemble des penchants supérieurs, la volonté au sens large et ancien du mot. Mais il est une
autre acception, propre à Pascal, d'après laquelle
le cœur signifie la faculté des principes indémontra-

chrétiens qui croient sans preuve n'aura peut-être pas de quoi
convaincre un infidèle qui en dira autant de soi. Mais ceux qui
savent les preuves de la religion prouveront sans difficulté que
ce fidèle est véritablement inspiré de Dieu, quoiqu'il ne pût le
prouver lui-même. ») Le manuscrit témoigne des retouches
de Pascal à cet endroit. Aucun texte ne prouve mieux, à mon
avis, combien il est loin de mettre son idéal dans ces croyances
sans preuves, qui ne se prouvent pas mais s'éprouvent, si en
faveur aujourd'hui. — « A cette date, poser le problème religieux comme un problème essentiellement historique et philo-
logique, c'était un coup de génie. » G. Lanson. Grande Ency-
clopédie, art. Pascal. — « Bossuet, pourrait-on dire, à travers
Richard Simon a comme deviné Renan et il a reculé d'épou-
vante. Pascal, lui, eût été homme à voir, — ou à prévoir, —
par delà Renan. » V. Giraud. *La philos. relig. de Pascal*, p. 33,
note 1.

[143] H. XX, 11. M. 32. B. 758

bles et des notions premières, l'instinct qui pousse
aux affirmations spontanées [144]. Dans ce sens, le cœur
est, non plus indirectement, mais directement, un
moyen de connaissance :

« Nous connaissons la vérité non seulement par la
« raison, mais encore par le cœur : *c'est de cette der-*
« *nière sorte que nous connaissons les premiers prin-*
« *cipes,* et c'est en vain que le raisonnement, qui n'y
« a point de part, essaie de les combattre... Car la
« connaissance des premiers principes, comme qu'il
« y a espace, temps, mouvement, nombres, est aussi
« ferme qu'aucune de celles que nos raisonnements
« nous donnent. Et c'est sur ces connaissances du
« cœur et de l'instinct qu'il faut que la raison s'appuie
« et qu'elle y fonde tout son discours. *Le cœur sent*
« *qu'il y a trois dimensions dans l'espace* et que les

[144] « On dit : les *sentiments* du cœur et aussi les *mouvements*
du cœur. Le mot *émotions* signifie ces deux choses réunies. Le
mot *cœur*, dans son acception morale, désigne donc ordinairement cette double aptitude de l'âme à sentir et à se déterminer
par le sentiment seul. Pascal y attache quelque chose de plus :
il prête au cœur la faculté d'affirmer, aptitude supplémentaire
fort importante à ses yeux, puisqu'elle lui permet de croire en
se passant de la raison... On peut définir la foi : l'intuition et
l'affirmation, sur le seul témoignage du cœur, de ce qu'on nomme
la *divinité*, c'est-à-dire du postulat indispensable pour expliquer
et justifier ce que nous voyons de l'univers. » Sully-Prudhomme.
La vraie religion selon Pascal. Alcan 1905, p. 10, 13 (les soulignés sont de l'auteur). Il est à peine besoin d'ajouter que nous
laissons au grand et infortuné poète la responsabilité de cette
assimilation *complète* entre la foi religieuse et l'instinct d'affirmation, assimilation où Pascal aurait pu dénoncer une confusion, malaisée d'ailleurs à débrouiller pour qui admettrait toutes
ses affirmations.

« nombres sont infinis, et la raison démontre ensuite
« qu'il n'y a point deux nombres carrés dont l'un soit
« double de l'autre. Les principes se sentent, les dé-
« monstrations se concluent, et le tout avec certitude,
« quoique par différentes voies... [145] ».

« Cœur, instinct, principes », trois mots que le manuscrit des Pensées nous montre, reliés par un dia-
gramme significatif [146]. Cette faculté d'affirmation
spontanée, Pascal l'appelle encore *sentiment*, comme
plus tard Jacobi [147]. Nous l'appellerions volontiers

---

[145] < H. VIII, 6. M. 420. B. 282. > Tout ce fragment, cité déjà,
contient l'exposé de cette doctrine capitale. Pour l'infinité des
nombres et les carrés, voir le développement dans le premier
opuscule sur l'Esprit géométrique. (B. p. 175 sq). Au lieu de : le
raisonnement n'y a point de part, Pascal avait d'abord écrit : la
raison. Les mots que nous avons soulignés montrent jusqu'à
l'évidence combien serait superficielle toute interprétation de
Pascal qui, dans la pensée fameuse « Dieu sensible au cœur »
ne voudrait voir que l'intrusion de la sensibilité dans l'intelligence.

[146] M. 170.

« Le papier a été déchiré et la figure coupée. Il me semble
que ces trois mots étaient reliés à un quatrième. » (Michaut,
ibid.)

[147] H. VII, 4. M. 333. B. 274. « Tout notre raisonnement se réduit à céder au sentiment. » — H. VII, 33. M. 486. B. 3. « Ceux
qui sont accoutumés à juger par le sentiment ne comprennent
rien aux choses de raisonnement, car ils veulent d'abord pénétrer d'une seule vue et ne sont point accoutumés à chercher
les principes. Et les autres, au contraire, qui sont accoutumés
à juger par principes, ne comprennent rien aux choses de sen-

intuition. Mais il faut prendre garde que les mots
ont ici une importance capitale, moins par ce qu'ils

timent, y cherchant des principes et ne pouvant *voir d'une
seule vue.* » — H. VII, 16. M. 136. B, 6. « Comme on se gâte
l'esprit, on se gâte aussi le sentiment. » — H. XXV, 160. M. 464.
B. 732. « Prophétiser, c'est parler de Dieu, non par preuves du
dehors, mais par sentiment intérieur *et immédiat.* » (mots soulignés par Pascal). A l'appui de cette définition il donne le texte
de Jérémie (XXI, 33) : « Je mettrai mon esprit et ma crainte *en
votre cœur.* » — Le sentiment, dans ce sens, est synonyme de
l'esprit de finesse. Cf. H. VII. 32. M. 486. B. 3. Celui-ci est riche
en intuitions du cœur, car il consiste surtout à avoir bonne
vue pour distinguer les principes si déliés et si nombreux qui
sont dans l'usage commun et dont les combinaisons diverses
font toute la complexité des choses morales ; mais il consiste
aussi à conclure de ces principes à leurs conséquences, par un
raisonnement rapide, implicite et virtuel, qui ne saurait être
mis en forme, mais se fait « tacitement, naturellement et sans
art, car l'expression en passe tous les hommes, et le *sentiment*
n'en appartient qu'à peu d'hommes. » ((H. VII, *2 bis.* M. 639.
B. I, p. 318)). On ne peut donc pas dire que le *cœur* coïncide
absolument avec l'esprit de finesse, d'autant plus qu'il s'étend
aux intuitions géométriques (les trois dimensions de l'espace),
et que celles-ci ne relèvent pas de l'esprit de finesse, car « les
« fins qui ne sont que fins ne peuvent avoir la patience de
« descendre jusque dans les premiers principes des choses spé-
« culatives et d'imagination, qu'ils n'ont jamais vues dans le
« monde et tout à fait hors d'usage (ibid. à la fin). » D'ailleurs,
il ne faut pas oublier que d'après un second fragment. <H. VII,
2. M. 452. B. 2> l'esprit géométrique lui même se dédouble : il
y a l'*esprit de justesse* et celui qui est proprement l'*esprit de
géométrie.* (Nous nous rallions ici au commentaire de M. Brun-
schvieg). Tous deux tirent bien les conséquences des principes, mais l'un, qui paraît convenir plutôt à la physique,
ne peut atteindre que peu de principes à la fois, dont il voit
jusqu'au bout les conséquences les plus fines, l'autre saisit à la
fois un grand nombre de principes sans les confondre. « L'un
est force et droiture d'esprit, l'autre est amplitude d'esprit. » Je

signifient strictement que par ce qu'ils suggèrent à
l'esprit. Qui dit *voir* est surtout frappé de l'aspect

dirais volontiers que dans l'un prédomine la *raison*, dans l'autre
les intuitions du *cœur*, quelque bizarrerie qu'il puisse y avoir à
donner le cœur comme caractéristique du géomètre. Cette
bizarrerie, Pascal en a le premier assumé la responsabilité en
attribuant au « cœur » l'intuition des trois dimensions.

Un autre synonyme de l'esprit de finesse et du sentiment, c'est
le mot *jugement*, opposé à l'*esprit*. « ... La morale du juge-
« ment, se moque de la morale de l'esprit, qui est sans règles.
« Car *le jugement est celui à qui appartient le sentiment*,
« comme les sciences appartiennent à l'esprit. La finesse est la
« part du jugement, la géométrie est celle de l'esprit. » H. VII,
34. M. 412. B. 4.

Mais le mot « sentiment » a parfois dans Pascal un sens un
peu différent : il désigne l'accoutumance de l'esprit aux propositions démontrées, dont la vérité finit par devenir presque aussi
sensible que celle des principes. C'est ainsi que « les proposi-
« tions géométriques deviennent sentiments, car la raison rend
« les sentiments naturels, et les sentiments naturels s'effacent
« par la raison. » < H. VIII, 7. M. 759. B. 95 >. — Ainsi encore, « il
faut mettre notre croyance dans le sentiment, autrement elle
sera toujours vacillante, » car « la raison agit avec lenteur »,
tandis que le sentiment agit « en un instant et toujours est prêt
à agir. » H. XXIV, 82 (réuni dans le manuscrit à X, 8 : pensée sur l'automate). M. 424 [5]. B. 252.

Voici enfin un curieux fragment, qui demanderait de longs
commentaires, et où le sentiment, s'il n'est pas nommé, est
bien nettement défini : < « M. de Roannez disait : « Les raisons
« me viennent après, mais d'abord la chose m'agrée ou me cho-
« que sans en savoir la raison, et cependant cela me choque par
« cette raison, que je ne découvre qu'ensuite. » Mais je crois,
« non pas que cela choquait par ces raisons qu'on trouve après,
« mais qu'on ne trouve ces raisons que parce que cela choque. »
(2ᵉ manuscr. Guerrier. H. XXV, 56. M. 964. B. 276) >.

Il est bon de remarquer que si les mots *sentir* et *sentiment*
prêtent à équivoque en français, à cause d'une confusion possible avec la perception extérieure, il n'en est pas de même dans

lumineux des principes, de l'irrésistible évidence avec
laquelle ils s'imposent à l'intelligence et lui enlèvent
toute velléité de doute : par là on les rapproche des
conclusions de la science, dont ils ne se distinguent
que par une différence de degré toute à leur avantage,
une évidence plus immédiate. C'est ainsi que parlait
la philosophie ancienne. Au contraire, par les mots
sentir et *croire*, que les modernes préfèrent généralement employer, comme Pascal, en parlant des principes, on éveille dans l'esprit une idée d'obscurité, plus
ou moins pénible à la raison et qui cependant s'impose,
moins par l'attrait d'une vérité clairement perçue et
facilement possédée que par une nécessité vitale dont
nous ne sommes pas maîtres, quelque chose enfin
comme une étreinte dans la nuit. Après cela, on
pourra, selon son tempérament ou ses préférences, mettre la croyance au-dessous ou au-dessus de la science :

d'autres langues. Newman, comparant ces deux sortes de connaissances, parle du « *sense as un certain as mere feeling.* »
(University Sermons, 4). Jacobi avait trouvé le mot de *Geistesgefühl* pour désigner son intuition fondamentale, que d'ailleurs
il appelle aussi, non sans équivoque, du nom kantien de *Ver-
nunft.* « Von dem, was wir wissen aus Geistesgefühl, sagen
« wir dass wir es glauben ». (*David Hume über den Glauben*,
Vorrede, Sämtliche Werke, Leipzig 1815, t. II, p. 60). Voici
encore qui rappelle bien Pascal : « Licht ist in meinem Herzen,
« aber so wie ich es in den Verstand bringen will, erlischt es.
« Welche von beiden Klarheiten ist die wahre ? die des Verstan-
« des, die zwar feste Gestalten, aber hinter ihnen nur einen
« bodenlosen Abgrund zeigt ? oder die des Herzens, welche
« zwar verheissend aufwärts leuchtet, aber bestimmtes Erken-
« nen vermissen lässt ? » (Même éd. t. I, p. 367. Lettre à Hamann,
16 juin 1783).

on pourra faire effort, comme nos géomètres contemporains, pour bannir de la spéculation tout mélange de données empiriques et d'intuitions irrationnelles, ou au contraire, comme Pascal, souhaiter d'être en toutes choses conduit par l'instinct [148]. De part et d'autre, l'intention avouée est d'opposer la raison au cœur ou à l'instinct, les conclusions claires et purement rationnelles du travail scientifique à ces lueurs indistinctes, dont nous ne saurions nous passer, mais qui ne nous laissent pas moins des inquiétudes inassouvies de voir et de palper l'objet de nos croyances.

Pascal lui-même paraît avoir varié dans son attitude à l'égard des premiers principes. Qu'on mette en regard des Pensées cet opuscule de l'Esprit géométrique auquel nous avons déjà plus d'une fois recouru : ici on verra un savant qui, avec une sérénité imperturbable s'occupe de rattacher les unes aux autres, d'anneau en anneau, les vérités scientifiques et, arrivé au bout de la chaîne, déclare tranquillement que l'impossibilité, désormais irréductible, de définir et de prouver tient, non à l'obscurité, mais à la trop grande clarté des concepts fondamentaux, non à un vice de la raison, mais à la nature même de la vérité [149]. Surtout, il n'est pas ques-

[148] < II. VIII, 6. M. 420. B. 282. « Plût à Dieu que nous n'en
« eussions au contraire jamais [de la raison] besoin et que nous
« connussions toutes choses par instinct et par sentiment ! Mais
« la nature nous a refusé ce bien ; elle ne nous a au contraire
« donné que très peu de connaissances de cette sorte ; toutes les
« autres ne peuvent être acquises que par raisonnement. » >

[149] Esp. géom. I. B. p. 175 « Toutes ces vérités ne se peuvent
« démontrer, et cependant ce sont les fondements et les prin-

tion de rattacher à des facultés différentes le raisonnement et l'intuition : l'un et l'autre sont les légitimes procédés de l'esprit, opposés aux « caprices de la volonté. » Loin d'être comparée à la foi surnaturelle, la croyance aux premiers principes en est soigneusement distinguée et l'on fait appel à l'origine divine de la foi pour la préserver du singulier préjudice que pourrait

« cipes de la géométrie. Mais, comme la cause qui les rend
« incapables de démonstration n'est pas leur obscurité, mais
« au contraire leur extrême évidence, ce manque de preuve
« n'est pas un défaut, mais plutôt une perfection. D'où l'on voit
« que la géométrie ne peut définir les objets ni prouver les prin-
« cipes, mais pour cette seule et avantageuse raison que les
« unes et les autres sont dans une extrême clarté naturelle qui
« convainc la raison plus puissamment que le discours. » —
Je ne puis cependant m'empêcher de signaler, dès cette époque,
un germe de ce qu'on appellera, plus ou moins improprement,
le « scepticisme de Pascal » : c'est ce regret platonique accordé
par le géomètre à la méthode idéale qui consisterait à tout définir et à tout prouver (« Cette véritable méthode qui formerait
« les démonstrations dans la plus haute excellence, s'il était possible
« d'y arriver, consisterait... à définir tous les termes et à prou-
« ver toutes les propositions. » B. p. 165). Je dirais volontiers
qu'il y a dans cette vue un rêve inquiétant : car enfin, à qui
fera-t-on croire que l'arrêt du raisonnement, l'ἀνάγκη στῆναι
d'Aristote, ne s'impose pas, à quelque esprit et dans quelque
condition que ce soit, au sommet de la science ?.. Quand ces
germes auront grandi, nous aurons les pensées sur le pyrrhonisme, nous aurons cette « impuissance de prouver invincible
à tout le dogmatisme » (H. VIII. 9. M. 866. B. 395), ces éloges
prodigués à Montaigne pour avoir secoué violemment les fondements de la géométrie et de toute science (Entr. avec Saci.
B. p. 154). ce doute importun sur l'origine des principes « a
quoi les dogmatistes sont encore à répondre depuis que le
monde dure. » (H. VIII. r. M. 536 [9]. B. 434, p. 330). Et je ne
crois pas qu'on puisse se le dissimuler, la réponse à ces doutes
pour Pascal n'est que dans la révélation. Cf. plus loin, note 155.

lui causer l'intrusion de la volonté dans le jugement [150].
L'instinct n'est pas nommé : s'il l'était, ce serait sans
doute, comme dans le Traité du vide [151], pour être
déprécié au profit de la raison : faculté animale, auto-
matique, il ne saurait s'élever jusqu'à l'universel ni
fonder une certitude.

Dans les Pensées, au contraire, nous lisons ces
paroles étonnantes : « Plût à Dieu... que nous con-
« nussions toutes choses par instinct et par senti-
« ment !... [152]. Tout notre raisonnement se réduit à céder
« au sentiment. Mais la fantaisie est semblable et con-
« traire au sentiment, de sorte qu'on ne peut distin-
« guer entre ces contraires [153] ». Nous supposons que
les notions indéfinissables sont communes à tous les
hommes, « mais nous le supposons bien gratuitement,
« car nous n'en avons aucune preuve », de sorte que

[150] B. p. 185 « ... Je ne parle pas ici des vérités divines, que je
n'aurais garde de faire tomber sous l'art de persuader, car elles
sont infiniment au-dessus de la nature. Dieu seul peut les mettre
dans l'âme, et par la manière qu'il lui plaît. Je sais qu'il a voulu qu'elles entrent du cœur dans l'esprit, et non pas de l'esprit
dans le cœur, pour humilier cette superbe puissance du raisonnement, qui prétend devoir être juge des choses que la volonté
choisit, et pour guérir cette volonté infirme qui s'est toute corrompue par ses sales attachements. »

[151] B. p. 79 « ... N'est-ce pas la traiter indignement la raison de
l'homme et la mettre en parallèle avec l'instinct des animaux,
puisqu'on en ôte la principale différence, qui consiste en ce que
les effets du raisonnement augmentent sans cesse, au lieu que
l'instinct demeure toujours dans un état égal ?... Il n'en est pas
de même de l'homme, qui n'est produit que pour l'infinité. »

[152] < H. VIII, 6. M. 120, B . 982>.

[153] H. VII, 4, M. 333. B. 274.

« cela n'est pas absolument convaincant de la dernière
« conviction [134] ». D'ailleurs, nous ne sommes pas
pleinement rassurés sur l'origine, et partant sur la
valeur des principes premiers [135], à moins que la foi
ne vienne nous en instruire. Nous devons enfin nous

[134] H. III, 15. M. 427. B. 392. Et ainsi cette pensée, intitulée
dans le manuscrit : « Contre le pyrrhonisme », se termine « à
la gloire de la cabale pyrrhonienne... »

[135] Entr. avec Saci. B. p. 154 «... Et puisque nous ne savons
« que *par la seule foi* qu'un Etre tout bon nous les a donnés
« véritables en nous créant pour connaître la vérité, qui saura,
« sans cette lumière, si, étant formés à l'aventure par un être
« faux et méchant, il ne nous les a pas donnés faux afin de nous
« séduire ? » Ceci est mis dans la bouche de Montaigne, mais
Pascal ne l'en reprend pas : il ne le blâme que pour cette inconséquence morale qui, après avoir reconnu que tout est incertain
hors la foi, ne conforme pas sa conduite aux principes chrétiens.
— Cf. H. VIII, 1. M. 536. B. 434. « Les principales forces des
« pyrrhoniens, je laisse les moindres, sont : que nous n'avons
« aucune certitude de la vérité de ces principes, *hors la foi et*
« *la révélation*, sinon en ce que nous les sentons naturellement
« en nous. Or, ce sentiment naturel n'est pas une preuve con-
« vaincante de leur vérité, puisque n'y ayant point de certitude,
« *hors la foi*, si l'homme est créé par un Dieu bon, par un
« démon méchant ou à l'aventure, il est en doute si ces prin-
« cipes nous sont donnés ou véritables. ou faux, ou incertains
« selon notre origine. De plus, que personne n'a d'assurance,
« *hors de la foi*, s'il veille ou s'il dort... » — Je crois, et j'aurai
à le redire, que c'est à ce point précis, — rien de plus, mais
rien de moins, — que se réduit le scepticisme de Pascal : on
l'appellerait donc bien mieux un fidéisme. Je tenais à indiquer
ici que Pascal n'a pas toujours pensé de même. Sa doctrine me
paraît être le résultat d'une évolution profonde de l'âme et d'un
envahissement progressif de la foi dans le domaine de la science.
Cette évolution, frappante, à mon avis, si l'on établit entre
l'Esprit géométrique et les Pensées la comparaison que je viens
d'indiquer, ne ressort-elle pas, d'un autre point de vue, de cette

contenter à leur égard des certitudes du cœur qui, si elles échappent à la raison, tiennent aux plus intimes profondeurs de notre nature.

En voilà assez, je crois, pour reconnaître avec Emile Boutroux [156] que Pascal a préludé à toutes les philosophies de la croyance en admettant, à côté de l'entendement discursif, comme un autre principe d'assentiment, une faculté d'intuition *non rationnelle*. Le cœur est pour lui, comme l'a dit excellemment Sully-Prudhomme [157] « la commune racine du sentir et du

pensée, barrée après coup dans le manuscrit : [M. 283. B. 375. Onvise par H. « J'ai passé longtemps de ma vie en croyant qu'il « y avait une justice ; et en cela je ne me trompais pas, car il « y en a, *selon que Dieu nous l'a voulu révéler*. Mais je ne le « prenais pas ainsi, *et c'est en quoi je me trompais...* »]

[156] Revue des cours et conférences, 28 avril 1898, 6ᵉ année, 2ᵉ série, p. 296. — M. Victor Giraud est du même avis : « Les théories toutes contemporaines de la croyance dans leurs parties vraiment solides et durables, ce sont les siennes. » *La philosophie religieuse de Pascal*, p. 34. Cf. ses références à Renouvier (Année philos. 1895), Brunetière (Revue des Deux Mondes, 15 octobre 1896). Newman (*Grammar of assents*.

[157] *La vraie religion selon Pascal* (Alcan, 1905) p. 30. Cf. *Revue des Deux Mondes*, 15 juillet 1896, p. 783. — M. d'Hulst. *Conférences de Notre-Dame*, 1891 (Poussielgue), note 14. « Le cœur est pour lui, dans les passages du moins où il l'oppose à la raison, une faculté d'ordre intellectuel qu'on définirait assez bien le sens du concret opposé au sens de l'abstrait. » Le docte prélat obéissait peut-être à sa tendance intime en soulignant la nature *intellectuelle* de cette faculté. D'autres, comme Brunetière (notamment dans son introduction aux *Bases de la Croyance* de M. Balfour), ont peut-être exagéré en sens contraire en parlant d'*irrationnel*. En ces questions, qui n'est pas plus ou moins dupe des mots qu'il emploie et des relations que ceux-ci soutiennent avec des associations d'idées et de sentiments parfois cachées au tréfonds de l'inconscient ?

« connaître, à cette profondeur intime où ces deux
« fonctions psychologiques ne se sont pas encore diffé-
« renciées, où ne s'est pas encore opérée entres elles
» la division, encore inutile, du travail moral... Dans
« ce domaine privilégié de l'intuition, l'on ne saurait
« dire si l'on pense ou si l'on sent. »

On pourrait assurément critiquer cette conception,
lui reprocher d'introduire au sein de l'homme une
opposition par trop violente, enfin de réaliser des abstractions. Pascal s'est-il toujours assez gardé de ce
mirage ? A-t-il pleinement conscience du procédé qui
consiste, pour humilier la raison devant la foi, la nature devant la grâce, à séparer de la raison les intuitions du cœur, qui appartiennent cependant à l'homme
naturel, et à abîmer ensuite celui-ci tout entier devant
la grâce ?

Mais cette critique même est-elle tout à fait équita-
ble ? Et Pascal ne nous reprocherait-il pas en ce moment de réaliser nous-même des abstractions sous les
mots de nature et de grâce ? De la manière dont il les
entend, ce ne sont pas des abstractions : ce sont des
hommes vivants qui combattent en chacun de nous,
Adam et Jésus-Christ[155]. On ne comprendra Pascal tout
entier que si on se résout à pénétrer jusqu'au fond ce
dualisme mystique directement inspiré par saint
Paul. Je me propose d'indiquer au moins cette voie
dans la conclusion de mon étude. Mais auparavant il

---

[155] II. XXIV, 4. M. 107. B. 523. « Toute la foi consiste en Jésus-
Christ et en Adam ; et toute la morale en la concupiscence et
en la grâce. »

faut appliquer à la croyance religieuse les résultats de
cette longue analyse.

*
* *

J'ai distingué deux sens principaux du mot cœur
dans Pascal. On pourrait les résumer en deux mots :
sensibilité ou volonté, — intuition. On se demande
sans doute quel est celui que Pascal a en vue quand il
nous parle de la foi du cœur ou du sentiment, de Dieu
sensible au cœur, non à la raison. Veut-il dire, comme
j'ai tâché de l'expliquer plus haut, qu'en présence de
motifs intellectuels, dont la clarté, quoique suffisante
pour rendre notre foi raisonnable, n'est pas telle cependant qu'elle arrache de force notre assentiment, il
appartient aux mobiles d'ordre affectif, renforcés par
la grâce, et en définitive au libre arbitre sous la grâce
efficace, de faire pencher la balance du côté où nous
avons vu Dieu et ses promesses ? Ou serait-ce qu'en
dehors de tout raisonnement, de tout balancement de
motifs intellectuels, Dieu envahit notre âme par une
lumière supérieure et nous donne d'en haut un sentiment de certitude tel que Pascal l'avait éprouvé dans
la nuit du 23 novembre 1654, sentiment aussi irrésistible au doute que celui qui accompagne la croyance
aux premiers principes, mais tout aussi rebelle aux
analyses de la raison raisonnante ?[159].

[159] Qu'on se rappelle ces mots du Mémorial : « Certitude joye
certitude sentiment veue joye. » Je reproduis la « copie figurée »
du parchemin d'après la grande édition phototypique de M.

A vrai dire, énoncer ces deux interprétations dans des termes que j'ai voulu faire aussi précis que possible, mais qui n'en rappellent pas moins de très près telle ou telle pensée de Pascal, c'est dire que l'un et l'autre sens ont été également dans son esprit [160]. Pourquoi

Brunschvicg, folio E. Cf. H. Bremond tome IV, p. 369. — Cf. H. XXV, 160. M. 464. B. 732. « Prophétiser, c'est parler de Dieu, non « par preuves du dehors, mais par sentiment intérieur et *immé-* « *diat.* » Le mot de prophétie est employé ici selon l'usage assez fréquent de l'Ecriture dans un tout autre sens que celui de prédiction, pour désigner une connaissance de Dieu immédiate et expérimentale. Pascal y voit une preuve de la révélation annoncée par les prophètes. «... Qu'alors on n'enseignera plus son prochain, *car Dieu se fera sentir à tous. — Vos fils prophétiseront. —* Je mettrai mon esprit et ma crainte *en votre cœur.* » Tous ces mots ont été soulignés par Pascal lui-même dans le manuscrit. — C'est ici surtout qu'il aurait pu répéter ce qu'il disait au temps de sa vie mondaine : « L'on écrit souvent des choses qu'on ne « prouve qu'en obligeant tout le monde à faire réflexion sur « soi-même et à trouver la vérité dont on parle. C'est en cela « que consiste la force des preuves de ce que je dis. » (Disc. sur les pass. de l'amour. B. p. 129). Le mot *tout le monde* serait de trop ici.

[160] Il est essentiel de remarquer que Pascal songeait si peu à les distinguer qu'il lui arrive de les réunir dans la même phrase. < H. VIII. 7. M. 759. B. 95. « La mémoire, la joie sont des sen- « timents, et même les propositions géométriques deviennent « sentiments. » > Le mot *sentiment* est successivement appliqué ici à une perception immédiate (la mémoire), à un état affectif (la joie), à une vérité démontrée que l'accoutumance a rendue familière et presque évidente. Il est clair que ces divers sens avaient dans l'esprit de Pascal une commune racine. Ce qui les réunissait sous un même mot, c'était surtout le dessein formé de les opposer, par leur caractère commun de spontanéité, aux labeurs du raisonnement. Si donc je cherche à dissiper ici quelques équivoques, c'est uniquement pour les besoins d'une analyse provisoire. Je n'oublie pas qu'elles cachent une unité

faut-il que l'analyse nous oblige à les distinguer ? C'est
nous priver des richesses d'une langue merveilleuse-
ment réaliste, digne d'un grand poète, non moins que
d'un philosophe de l'action et de la vie, langue toute
faite d'expressions communes et plus forte dans son
symbolisme tout primitif qu'une langue plus rigoureuse en ses précisions. Le mot *cœur* aura toujours
sur les hommes une singulière puissance de sugges-
tion, que l'analyse dissout dès qu'elle y touche comme
le scapel détruit la vie. Si Pascal l'a étendu jusqu'à
l'intuition géométrique, c'est qu'il était gros pour lui
de tous les sentiments mystiques accumulés en lui
depuis la nuit de l'extase [161] et qu'il voulait faire re-

supérieure où se concilient les antinomies. — D'ailleurs (du moins
dans la période mondaine et plus ou moins cartésienne de sa
vie) pour Pascal, l'amour et l'intelligence se confondaient au
fond. « L'on a ôté mal à propos le nom de raison à l'amour, et
on les a opposés sans un bon fond, car *l'amour et la raison
n'est qu'une même chose.* C'est une précipitation de pensées qui
se porte d'un côté sans bien examiner tout, mais c'est toujours
une raison, et l'on ne doit et on ne peut pas souhaiter que ce
soit autrement, car nous serions des machines très désagréables.
N'excluons donc point la raison de l'amour, puisqu'elle en est
inséparable. Les poètes n'ont donc pas eu raison de nous
dépeindre l'amour comme un aveugle : il faut lui ôter son
bandeau et lui rendre désormais la jouissance de ses yeux. »
Disc. sur les passions de l'amour. B p. 133. Sur la part du corps
dans l'amour, cf. cette réflexion (vers la fin) : « *L'amour ne
consistant que dans un attachement de pensée,* il est certain qu'il
doit être le même par toute la terre. Il est vrai que, *se déterminant autre part que dans la pensée,* le climat peut ajouter quelque chose, mais ce n'est que dans le corps (B. p. 134). »

[161] J'emploie ce mot dans le sens vulgaire qui l'applique à
toute crise intense du sentiment religieux, où l'affection déborde

fluer jusqu'à la source des sciences cette force nouvelle qui se révélait à lui d'une certitude supérieure à celle du raisonnement. D'ailleurs l'émotion religieuse ne s'était-elle pas mêlée chez lui plus d'une fois aux méditations du savant ? « Le silence éternel de ces espaces infinis m'effraie [162] ». Voilà ce que pensait, ce

de toute part le raisonnement par sa spontanéité et sa facilité. — et non dans le sens précis et rigoureux qui relève de la théologie mystique. Celle-ci exige pour l'extase des conditions spéciales d'aliénation des sens et de connaissance de Dieu rigoureusement expérimentale, qu'aucun document ne nous force à attribuer à Pascal. Le Mémorial du 23 novembre 1654 (B. p. 142) nous montre-t-il autre chose que ce que les livres spirituels appellent une consolation abondante, rien qui sorte de la voie ordinaire de la vie intérieure ? M. Bremond a plus d'une chance de ne pas se tromper en allant ici plus loin que nous. Mais je ne puis que renvoyer aux fines analyses de ce maître (*Hist. litt.*, tome IV, p. 369). Il en résulterait que la phase proprement mystique d'une crise qui a duré « depuis environ dix heures et demie jusques environ minuit et demi » se condenserait tout entière dans ce mot du mémorial : *Feu*. Mot flamboyant certes et suggestif, mais un peu court peut-être pour une si grave conclusion.

Sur les mots *mystique* et *mysticisme*, nous aurions bien besoin d'un bon article de lexicographie philosophique. On ne peut pas exiger sans doute qu'on laisse ce mot aux théologiens pour désigner l'état défini dont l'extase est un accessoire ou une phase transitoire. Les philosophes emploient, j'emploierai moi-même couramment le mot mystique pour tout système qui subordonne plus ou moins à la foi religieuse les certitudes de la raison. Mais au moins devrait-on s'abstenir des rapprochements inexacts qui autorisent et propagent l'équivoque. N'est-il pas étrange de voir, réunis sous la même dénomination, Plotin et Pascal, sainte Thérèse et Jacobi ?

[162] < H. XXIV, 17 bis. M. 889. B. 206. >. — H. I. 1. M. 600. B. 72. « Qui se considère de la sorte s'effraiera de soi-même, et, se

que sentait ce géomètre, dont la raison puissante ne
consentait pas à se séparer longtemps d'une imagination ardente et quelque peu sombre. De là des ré-
flexions qui pouvaient mener de la géométrie à quelque
chose de meilleur que la géométrie même pour revenir ensuite étendre aux intuitions premières de la
géométrie le bénéfice de la foi religieuse [163].

Veut-on se convaincre de cette puissance des mots ?
Qu'on substitue la *volonté* au *cœur* dans ces mêmes
textes où Pascal attribue au cœur la foi religieuse.
Assurément, la substitution n'est pas illégitime et
Pascal l'autorise quand il fait de la volonté « un des
principaux organes de la créance [164] ». Le sens res-
tera à peu près le même, du moins l'un des deux sens
que je viens de distinguer, et d'après lequel la foi est
comme la résultante des motifs intellectuels et d'un
mobile d'ordre affectif, renforcé par la grâce, qui vient
affermir l'intelligence dans ses hésitations. Mais jus-
tement, parce qu'il n'y a là qu'un des sens précis du
mot *cœur*, et non la pénombre vague d'images et
d'émotions qu'il entraîne naturellement avec lui, la

considérant soutenu entre ces deux abîmes de l'infini et du né-
ant, il tremblera à la vue de ces merveilles ; et je crois que sa
curiosité se changeant en admiration, il sera plus disposé à les
contempler en silence qu'à les rechercher avec présomption. »

[163] Espr. géom. I, à la fin. B. p. 184. — Cf. H. I, 1. M. 600. B. 72.
Voir plus haut (note 155) les textes qui font dépendre de la foi
à la révélation la vérité objective des principes rationnels ou
du moins la connaissance explicite que nous en pouvons avoir.

[164] H. III. 10. M. 348. B. 99. — Cf. les textes cités dans les
notes 9, 11, 122, pour la synonymie des mots *cœur* et *volonté*.

physionomie des Pensées en sera tout autre. Le mot
de volonté évoque, en effet, celui de liberté, encore
qu'il ne se restreigne pas, nous l'avons vu, à désigner
le libre arbitre. Et l'on verra tout d'abord saillir des
textes en question cette thèse que Pascal sans doute
n'a pas niée, mais qui n'était pas vraisemblablement
au premier plan de sa pensée : il est au pouvoir de
l'homme, toutes choses égales d'ailleurs du côté de
l'intelligence, de donner ou de refuser son assentiment
aux choses de la foi. Au contraire, le mot *cœur*,
s'il n'exclut pas la liberté, ne l'appelle pas non plus
nécessairement, et il convient beaucoup mieux pour
désigner la poussée des tendances, naturelles ou
acquises, qui pèsent jusqu'à rompre sur l'intelligence.
Qu'on y ajoute la grâce efficace du janséniste, triom-
phant de la délectation terrestre, et l'on comprendra
comment ce mot de *cœur* favorise, partout où on le
laisse entrer, la tendance à exclure le raisonnement
pour lui substituer une sorte d'évidence mystique,
résultant de la force et comme du grossissement des
désirs surnaturels, et analogue, par la spontanéité
d'affirmation qu'elle soulève, à l'évidence des premiers
principes.

Evidence mystique, c'est bien le nom qui convient
à cette foi sans raisonnement, par *sentiment* immédiat
de Dieu, où Pascal a vu l'idéal, sinon l'état habituel
du croyant [105].

---

[105] Cf. le Mémorial (B. p. 142) et les textes cités plus haut dans
les notes 9 c, 10 et 11, surtout la conclusion de < H. VIII, 6.
M. 420. B. 282 > : « Ceux à qui Dieu a donné la religion par

En ceci, il s'éloigne certainement de ces écoles catholiques qui, sans condamner la connaissance mys-

« sentiment du cœur sont bien heureux et bien légitimement per-
« suadés. Mais ceux qui ne l'ont pas, nous ne pouvons la don-
« ner que par raisonnement, en attendant que Dieu la leur
« donne par sentiment de cœur, sans quoi la foi n'est qu'hu-
« maine et inutile pour le salut. » — C'est cet état de foi sentie
que Pascal, bien que convaincu par la raison, cherchait avec
inquiétude avant sa dernière conversion. De là les plaintes
douloureuses dont sa sœur Jacqueline recevait la confidence :
« Il s'ouvrit à moi, écrit-elle à Mme Périer (B. p. 140), d'une ma-
« nière qui fit pitié en m'avouant qu'au milieu de ses occupa-
« tions qui étaient grandes et parmi toutes les choses qui pou-
« vaient contribuer à lui faire aimer le monde, et auxquelles
« on avait raison de le croire fort attaché, il était de telle sorte
« sollicité à quitter tout cela... mais que d'ailleurs il était
« dans un si grand abandonnement du côté de Dieu qu'il ne sentait
« aucun attrait de ce côté-là, qu'il s'y portait néanmoins de tout
« son pouvoir, mais qu'il sentait bien que c'était plus sa raison
« et son propre esprit qui l'excitait à ce qu'il connaissait de
« meilleur *que non pas le mouvement de l'esprit de Dieu, et que,*
« dans le détachement de toutes choses où il se trouvait, s'il
« avait *les mêmes sentiments de Dieu qu'autrefois,* il se croyait
« en état de pouvoir tout entreprendre et qu'il fallait qu'il
« eût eu en cela d'horribles attaches pour résister aux grâces
« que Dieu lui faisait et aux mouvements qu'il lui donnait. » Pascal avait goûté, lors de sa première « conversion », ce que les
auteurs mystiques appellent « consolation spirituelle. » Et ce
n'est que du moment où il l'eut éprouvé de nouveau, dans la
nuit du 23 novembre 1654, qu'il put retrouver la paix. M. Bremond a admirablement mis en lumière, dans son beau chapitre
sur « la prière de Pascal », comment cet état de consolation
sentie était postulé par la doctrine janséniste comme un signe
de prédestination (*Hist. litt.* IV, p. 336-383). Ailleurs, le distingué critique élargit, comme nous avons essayé de le faire,
la signification pascalienne du mot « cœur. » Il y voit, non « la
faculté d'aimer », mais « le fond même et le tout de l'homme
C'est presque, si ce n'est tout à fait, le cœur au sens des mys

tique, n'y voient qu'un cas particulier de psychologie religieuse et s'efforcent plutôt de faire une large part. au raisonnement dans l'acte de foi normal. [166]. Au contraire, ses tendances le rapprochent beaucoup cette fois du protestantisme et de cette révélation immédiate à l'âme de chaque croyant dont Luther [167] faisait la condition nécessaire de la foi justifiante. Sainte-Beuve l'a reconnu [168], et Vinet n'était pas mal

tiques, la fine pointe de l'esprit, la partie supérieure de l'âme, la zone profonde où se fait la rencontre entre Dieu et nous. » (*Hist. litt.*, t. III, p. 650, note 3).

[166] V. supr. note 83 et S. Harent, art. *Foi*, col. 171 et suiv.

[167] Je parle de Luther plutôt que de Calvin, car on sait, encore qu'il fasse appel au témoignage du Saint-Esprit, quel soin celui-ci a pris de rendre la foi raisonnable et presque rationaliste. Cf. F. Brunetière. *L'œuvre de Calvin*, conférence de Genève du 17 décembre 1901, dans *Discours de combat*, 2ᵉ série (Perrin, 1903), p. 121-160, notamment 140, note, sur la différence entre Calvin et les scolastiques. Cependant les principes de Calvin sur la déchéance de la nature n'étaient pas loin de ceux de Luther ou de Jansénius. Cette inconséquence le rapprocherait d'Arnauld et de Nicole, ces froids raisonneurs, autant que l'âme ardente de Pascal se rapproche, selon moi, de celle de Luther, et prouverait une fois de plus que le tempérament gouverne les hommes plus encore que la logique des doctrines. — Il est bien entendu d'ailleurs qu'il ne s'agit ici que d'un rapprochement de tendances et que je ne mets pas en doute les convictions catholiques de Pascal sur tous les points où le jansénisme ne se rapproche pas du protestantisme, par exemple sur l'utilité des pratiques extérieures, la constitution de l'Église, les sacrements, etc...

[168] *Port-Royal*, append. au tome III, 2ᵉ éd. p. 618. « Malgré de « nombreuses et graves différences il y a un lien réel entre « l'inspiration chrétienne intérieure de Saint-Cyran, de Pascal « et celle des grands Réformés : pour eux tous la foi en la pa- « role de Dieu se fonde moins encore sur la tradition de

fondé à appuyer sur la psychologie des Pensées ces théories de l'expérience intérieure où la théologie protestante tendait déjà à mettre toute l'essence de la religion [169]. Quoi d'étonnant d'ailleurs que le jansénisme se rapproche du protestantisme ? Ne sont-ils pas sortis l'un et l'autre d'une même exégèse, qui, appliquée, d'une part à S. Paul, de l'autre à S. Augustin, s'efforce de presser jusqu'au bout les conséquences extrêmes du dogme de la chute, et, sans souci de le concilier avec d'autres dogmes, — celui de la liberté, par exemple, — en tire, avec la doctrine de la corruption radicale de la nature, ce qu'on a pu appeler le pessimisme chrétien ?[170]. Dans ces conséquences de la chute, il faut

« l'Eglise que sur le témoignage du Saint-Esprit. Ajoutez que « les uns et les autres présupposent une interruption de tradi-« tion, une corruption radicale et très ancienne (il ne s'agit que « du plus ou moins d'ancienneté) dans l'Eglise catholique. » Cet appendice est le résumé des controverses très intéressantes qui se sont élevées aux environs de 1857 entre théologiens protestants à propos de l'apologétique de Pascal.

[169] Vinet. *Etudes sur B. Pascal*, Ed. posthume (Paris, Fischbacher), passim. — Cf. l'édition des Pensées par le pasteur Astié. Lausanne, Bridel, 1857. 2e éd. Paris, Fischbacher, 1883. — Sur l'évolution des théories de l'expérience religieuse dans le protestantisme et leurs ultimes conséquences dans le « pragmatisme » contemporain, cf. les savants articles du R. P. Pinard dans le *Dictionnaire apologétique* et le *Dictionnaire de théologie catholique* (l'un et l'autre sous le titre *Expérience religieuse*). Du même, dans la *Revue d'histoire ecclésiastique* (Louvain), t. xvii (1921), pp. 63-83, 307-348, 548-574.

[170] Pascal a souvent déclaré, particulièrement contre les protestants, que le sens de l'orthodoxie et le seul moyen d'éviter les erreurs en matière de foi est de tenir fermement le milieu dans l'affirmation simultanée de deux vérités apparemment

mettre en première ligne l'affaiblissement de la raison et la nécessité, pour y remédier, de recourir à une autre voie de connaissance, la foi du cœur.

Qui ne voit d'ailleurs que cette interprétation est la

contraires et de concilier dans une synthèse supérieure ce qui au sens humain paraît inconciliable. — Cf. surtout H. XXIV, 12. M. 563. B. 862. « La foi embrasse plusieurs vérités qui semblent se contredire. La source en est l'union des deux natures en Jésus-Christ ; et aussi les deux mondes... et enfin les deux hommes qui sont dans les justes... La source de toutes les hérésies est l'exclusion de quelques-unes de ces vérités ;... ne pouvant concevoir le rapport de deux vérités opposées... ils s'attachent à l'une, ils excluent l'autre. » — Une fois seulement, Pascal paraît avoir appliqué ce principe à la controverse janséniste. H. XXIV, 12 bis. M. 475. B. 865. « S'il y a jamais un temps « où on doive faire profession des deux contraires, c'est quand « on reproche qu'on en omet un. Donc les jésuites et les jansé- « nistes ont tort en les celant : mais les jansénistes plus, car les « jésuites ont mieux fait profession des deux. » Ce fragment, isolé au milieu de tant de professions de foi et de plaidoyers pour la doctrine de Port-Royal, de tant d'attaques contre les jésuites, est sans doute, avec une légère critique à l'adresse des Petites écoles de Port-Royal (H. XXV, 66. M. 196. B. 151), le seul indice que pourraient offrir les Pensées d'une « conversion » de Pascal à l'orthodoxie antijanséniste. Cette conversion, dont on a fort parlé depuis M. Jovy (*Pascal inédit*. Vitry-le-François, 1910) nous ne demandons pas mieux que d'y croire, avec M. Bremond (*Hist. litt.* t. IV. p. 406), sur le témoignage de Beurrier. Mais il faut bien avouer qu'elle n'a guère d'appui dans les papiers authentiques de Pascal. Quant à ce paradoxe qu'il n'au- rait jamais été janséniste de doctrine, ou, — ce qui serait encore plus étrange, — n'aurait rien laissé passer de cette inspiration dans les Pensées (Guthlin. *Les Pensées de Pascal*, édition philosophique et critique. Paris, Lethielleux. 1896. Introduction, p. CXXI, sqq. Cf. Hatzfeld. *Pascal*. Paris, Alcan 1901, p. 275), il suffira sans doute de lui opposer le témoignage des contemporains. Malgré tous les adoucissements de l'édition

seule qui puisse venger Pascal du reproche banal de
cercle vicieux ? Tout fidéisme qui tente une apologie
se heurte, en effet, à une contradiction : d'une part,
on déclare la raison incapable de se suffire et on l'in-
vite à appuyer sur la foi la certitude de ses propres
principes ; d'autre part, on justifie la foi par des arguments empruntés sans doute à la raison et qui supposent ces mêmes principes. Peut-être y a-t-il un
moyen, un seul, d'échapper à cette fatalité logique :
c'est de mettre résolument la foi dans un monde à
part, au-dessus de toute compromission avec le raisonnement, de lui attribuer une évidence d'un ordre
supérieur, qui permettra par surcroît de justifier la
raison à ses propres yeux. On sera mystique, il est
vrai, au sens le plus audacieux du mot. Mais, à ce
prix, on pourra, sans contradiction, fort de sa certitude personnelle et de l'évidence du *sentiment*, inviter

de Port-Royal, Tillemont écrivait : « Ceux qui ont un amour
« particulier pour la doctrine de la grâce doivent regretter
« encore plus que les autres que cet ouvrage n'ait pas été
» achevé, car il est aisé de juger que les fondements en au-
« raient été établis sur la ruine du pélagianisme et de toutes
« ses branches. » (Lettre du 3 février 1670 à Étienne Périer, reproduite dans la grande édition Brunschvicg, tome I, p. CCI).
M. Bremond a profondément analysé les racines jansénistes de
la « prière de Pascal » (*Hist. litt.* IV, 381) : « Quand Pascal se
« trompe, il se trompe de toute son âme et si, comme tout le
« prouve, il a professé pour un temps les dogmes de Jansénius,
« il n'aura pas été un janséniste pour rire, un psittaciste, un
« simple ergoteur, encore plus superficiel que passionné. » Ce qui
n'empêche pas M. Bremond, et nous avec lui, de croire au
« meilleur Pascal » dont l'âme catholique nous garantit la
valeur durable de l'Apologie.

les autres hommes à chercher de tout leur pouvoir une certitude semblable [171]. On se servira d'arguments proportionnés à leur état présent, empruntés par conséquent à la raison, non pour communiquer une évidence qui dépasse entièrement la raison, mais pour décider les hommes à se préparer par l'humiliation à la réception de cette lumière d'en haut. Ces arguments auront une force de persuasion évidente pour ceux qui se meuvent ordinairement dans le cercle du raisonnement humain, une valeur purement relative pour qui est habitué à secouer les bases rationnelles de la certitude, mais une valeur absolue pour ceux qui, ayant dépassé cette demi-sagesse, voient par la grâce de Dieu dans une lumière supérieure l'origine et la justification des principes de la raison. Il y a ici un de ces « renversements du pour au contre [172] » selon lesquels Pascal aimait à hiérarchiser les opinions humaines : le vulgaire croit à la puissance de la raison ; les demi-habiles s'en moquent parce qu'ils l'ont acculée à l'impuissance et à la contradiction ; mais le chrétien s'en sert et la méprise tout ensemble parce qu'il a trouvé dans la foi du cœur, avec la révélation d'un monde nouveau, la garantie de la raison pour les démarches de sa compétence.

Dans ces conditions, se servir de la raison pour

[171] Le sentiment ici n'est pas sensibilité, c'est une forme supérieure de l'intelligence, comme nous avons longuement essayé de le montrer à propos du mot « cœur ». Cf. note 147 (p. 71).

[172] H. V, 2 bis. M. 497. B. 328.

mener l'homme à la foi est une méthode d'une sincérité parfaite, sinon d'une efficacité assurée [173], plus légitime en tout cas que la ruse qui consisterait à simuler un scepticisme de convention pour décider l'homme à se mettre à genoux. Une seule chose est requise : c'est que la lumière surnaturelle, que l'on est en droit d'attendre après les purifications et les humiliations volontaires, vienne luire assez tôt, au moment où l'on reconnaît les limites étroites de la raison. Le danger, en effet, serait qu'on restât là : à moitié chemin de l'apologétique, on ne recueillerait que le pyrrhonisme.

Ce danger, tous les contemporains l'ont senti. L'un d'eux, l'abbé de Villars, dans un pamphlet antijanséniste qui a pour titre : de la Délicatesse [174], fait dire à Pascal par un de ses personnages : « Vous vous y « prenez d'une manière à faire plus de pyrrhoniens « que de chrétiens et plus de libertins que de dévots. » A quoi Pascal est censé répondre : « Cela pourrait être « si je n'établissais que nous connaissons la vérité par « instinct et c'est de cette connaissance d'instinct que « je prétends qu'il faut connaître tout ce qu'il y a « dans l'Ecriture. »

[173] Je ne crois pas pour ma part à l'efficacité ni au bien-fondé de cette méthode comme, en général, de toute apologétique qui n'admet pas, en dehors de la foi, la valeur de la raison. Mais j'essaie de reconstituer la pensée de Pascal, et je la crois trop profonde pour lui prêter des inconséquences grossières.

[174] Je ne le connaissais que par le Dictionnaire de Bayle (art. Pascal) et par l'ouvrage de Droz (*Etude sur le scepticisme de Pascal*, p. 273), auquel j'avais emprunté cette citation. Depuis

Cette réponse doit suffire, et pour qui connaît les Pensées il n'y en a point d'autres.

lors, M. Bremond a étudié l'abbé de Villars dans le *Correspondant* du 10 septembre 1921 (t. 284 — ou 248 de la « nouvelle série » — p. 904 et suiv.) et a bien mis en lumière l'importance de cette « première réfutation des *Pensées*, » datée de 1671, donc postérieure de quelques mois seulement à l'édition de Port-Royal. — Cf. Mme Périer. Vie de Blaise Pascal, B. p. 16. « Il disait que l'Écriture sainte n'était pas une science de l'esprit, mais la science du cœur, qui n'était intelligible que pour ceux qui avaient le cœur droit. et que tous les autres n'y trouvaient que des obscurités. »

Chapitre IV

SYNTHÈSE ET CONCLUSIONS

Nous avons jusqu'ici procédé par analyse. Guidé par les indications de Pascal, nous avons distingué avec lui trois facteurs de la croyance. Ils apparaissent tout d'abord au nombre de deux : l'esprit et l'automate, l'esprit cherchant à se soumettre l'automate et à le faire marcher d'une pièce avec lui, l'automate parfois entraînant l'esprit dans des voies que celui-ci désapprouve. Mais ce dualisme, cette lutte se retrouvent au sein même de l'esprit. Soit que l'on distingue, sous les noms de *raison* et de *cœur*, l'entendement et la volonté, — l'entendement qui se rend à la vérité aperçue, mais se laisse prendre aussi à la vérité apparente, — la volonté qui plie l'entendement à ses désirs et pour cela le retourne du côté où les choses paraissent vraies, — soit que dans l'entendement même on oppose les procédés discursifs de la raison aux intuitions du cœur, le raisonnement laborieux et impliqué au sentiment primitif et spontané, souple en ses démarches, mais mystérieux en ses motifs, partout l'homme apparaît comme tiraillé et déchiré entre deux principes. Il n'est pas téméraire de penser que Pascal a dû personnellement souffrir, plus que personne, de ces antinomies de la nature. Il y avait en lui un géomètre qui s'était révélé dès l'enfance et qui, sans la maladie de son père et surtout sans ses propres souffrances, se serait peut-être longtemps suffi à lui-même ; mais il y avait aussi un « fin », que Méré avait aidé à se reconnaître, qui était pour le géomètre une énigme et qui cherchait à dépasser le géomètre [175] ; un homme du monde qui partout perçait l'homme à jour et, promenant sans cesse son inquiète curiosité d'Epictète à Montaigne, n'aurait peut-être recueilli de ses excursions, avec son sens si vif des contrastes, qu'un pyrrhonisme blasé et cet invincible dégoût de l'homme qu'on retrouve chez un La Rochefoucauld [176]. Mais il y avait aussi un chrétien qui, assez peu fervent d'abord, quoique toujours convaincu [177], s'accommodait fort

[175] H. VI, 15 bis. M. 21. B. 36. « ... C'est un bon mathématicien, « dira-t-on. — Mais je n'ai que faire de mathématiques : il me « prendrait pour une proposition... »

[176] On a relevé les affinités des Pensées avec les Maximes. Cf. II. VI, 34. M. 738. B. 452. — II. XXV, 12. M. 700. B. 359. On sait d'ailleurs que les Maximes sont nées dans un milieu janséniste et que Pascal lui-même a fréquenté chez Mme de Sablé (cf. sa lettre à la marquise, de décembre 1660. B. p. 230). Je n'ignore pas que dans sa « période mondaine » Pascal est plutôt un admirateur enthousiaste de la nature humaine : le Discours sur les passions de l'amour, s'il est authentique, en est une preuve. Mais croit-on qu'avec ses vues profondes il se fût longtemps contenté de cet optimisme ?

[177] Rien, en effet, dans les documents, ne ressemble, même de loin, à la légende romantique d'un Pascal sceptique luttant contre ses doutes et se forçant lui-même à croire dans la violence du désespoir. On sait que cette légende n'a pas peu contribué à compliquer ou à faire dévier la question du « scep-

d'une séparation absolue entre les choses de la science.
et celles de la foi [178]. Or, voici qu'après une excursion

ticisme de Pascal. » On s'est préoccupé des doutes contre la foi
alors qu'il aurait dû être uniquement question de doutes contre
la raison ; et on a démontré sans peine la parfaite conviction de
Pascal, ce qui ne résout pas entièrement la question ; car nul
n'est plus convaincu qu'un fidéiste, encore qu'il ne ressemble
guère à un philosophe dogmatique. — Ce n'est pas à dire
d'ailleurs que Pascal n'ait pas connu, à l'état plus ou moins
transitoire, les tentations contre la foi. On a parfois cité dans ce
sens < H. XIV, 2. M. 900. B. 229 « ... Voyant trop pour nier et
« trop peu pour m'assurer, je suis dans un état à plaindre... » >
Mais cela a tout l'air d'être mis dans la bouche de l'incrédule
qui tient tête à Pascal. Je préférerais citer H. XXV, 20. M. 98.
B. 259. « Mais il y en a qui n'ont pas le pouvoir de s'empêcher
ainsi de songer, et qui songent d'autant plus qu'on leur défend.
Ceux-là se défont des fausses religions, *et de la vraie même*,
s'ils ne trouvent des discours solides. » — Cf. H. XXIV, 7. M.
100. B. 615. « ... C'est parce que vous y êtes né, dira-t-on. Tant
s'en faut ; *je me roidis contre*, pour cette raison-là même, de
peur que cette prévention ne me suborne... »

[178] J'ai fait remarquer (note 149) que l'Esprit géométrique té-
moignait encore de cet état d'esprit, au début du séjour à Port-
Royal. On le retrouve dans les dernières Provinciales (note
44). Il est à croire qu'il renaissait dès qu'une occasion faisait
revenir à la surface le savant ou le polémiste, l'homme naturel
avec ses ardeurs indomptées. Et en parlant d'évolution je prétends moins indiquer une succession chronologique qu'un balancement rythmique entre deux états d'âme opposés. Qu'on ne se
méprenne pas d'ailleurs sur ma pensée : c'est une approxima-
tion, non un système. Rien ne saurait nuire autant qu'un parti-
pris à qui veut saisir dans Pascal la mobilité de l'âme vivante.
Et c'est, je l'avoue, ce qui m'inspire quelque défiance a l'endroit
des tentatives, même les plus brillantes (comme celle de Sully-
Prudhomme) pour reconstituer une philosophie des Pensées. S'il
y a un système dans Pascal, ce ne peut être que celui de la
dogmatique chrétienne, vue sous l'angle spécial de la théologie
janséniste, et c'est dans ce sens seulement que je vais essayer
une synthèse.

salutaire dans le monde et une courte expérience des sciences morales, où il ne trouve pas encore la science qui convient à l'homme [179], le chrétien se ressaisit, éclate entre le savant et l'homme du monde, et dans un effort intense de réflexion sur ses croyances, arrive enfin à unifier son âme et à réaliser, dans un principe supérieur, la synthèse des termes jusque-là tenus pour inconciliables. Désormais, Pascal est complet, et les Pensées peuvent jaillir l'une après l'autre : elles vont cristalliser autour d'une préoccupation dominante, 'unification des contrastes par la foi chrétienne, et, au lieu du monument apologétique rêvé par leur auteur, édifier peu à peu une frappante effigie de son propre esprit. Il érige en loi universelle ses dispositions intimes et jusqu'à ses fluctuations : « Il faut, écrit-il, avoir « ces trois qualités, pyrrhonien, géomètre, chrétien « soumis [180] ». Géomètre, il l'avait été sans frein durant

[179] H. VI, 23. M. 708. B. 144. « J'avais passé longtemps dans « l'étude des sciences abstraites : et le peu de communication « qu'on en peut avoir m'en avait dégoûté. Quand j'ai commencé « l'étude de l'homme, j'ai vu que ces sciences abstraites ne sont « pas propres à l'homme et que je m'égarais plus de ma con- « dition en y pénétrant que les autres en les ignorant. J'ai par- « donné aux autres d'y peu savoir. Mais j'ai cru trouver au « moins bien des compagnons en l'étude de l'homme, et que « c'est la vraie étude qui lui est propre. J'ai été trompé : il y « en a encore moins qui l'étudient que la géométrie. Ce n'est « que manque de savoir étudier cela qu'on cherche le reste ; « mais n'est-ce pas que ce n'est pas encore là la science que « l'homme doit avoir et qu'il lui est meilleur de s'ignorer pour « être heureux ? »

[180] C'est la première rédaction, barrée dans le manuscrit, de a pensée qui a reçu cette rédaction définitive et adoucie : « Il

ses jeunes années ; pyrrhonien, il le serait peut-être devenu tout à fait s'il était resté plus longtemps à l'école de Méré ; chrétien, il concilie le géomètre et le pyrrhonien [1].

Cette conciliation, Pascal l'avait trouvée surtout dans le dogme du péché originel et de la Rédemption. La nature humaine, vue en ses profondeurs, lui était apparue comme une série de contrastes douloureux : contrastes de la vie, des mœurs, des lois et des institutions, non moins poignants que les contrastes de l'esprit, qui nous ont seuls occupé jusqu'à présent ; contraste, pour tout résumer en un mot, de la grandeur et de la misère de l'homme. On sait les cris passionnés que lui arrache ce tableau et on ne fera croire à personne qu'il n'y ait là que machines de guerre ou manœuvres d'apologiste, savamment concertées pour amener l'homme à point nommé à la rencontre du

« faut savoir douter où il faut, assurer où il faut, en se soumet-
« tant où il faut. » H. XIII, 2. M. 388. B. 268.

[1] On voit par là ce qu'il faut retenir de la parole de Vinet :
« La foi chrétienne ne conduit pas plus au pyrrhonisme qu'elle
« ne peut en procéder... On dit que le pyrrhonisme a fait Pascal
« chrétien ; il serait peut-être plus vrai de dire que le christia-
« nisme l'a rendu sceptique » (*Études sur B. Pascal*, p. 247).
Je crois que Pascal avait dans sa propre nature et dans ses
lectures de Montaigne tout ce qu'il fallait pour douter de
l'homme. On pourrait dire plutôt que le christianisme, tel qu'il
l'entendait, servit à le retenir sur la pente du scepticisme en
le rassurant sur la valeur des premiers principes. Mais il est
très vrai d'ailleurs, et nous allons le voir, que ce christianisme,
sous sa forme janséniste, ne pouvait que le confirmer dans un
mépris provisoire de la raison.

christianisme. Ou plutôt, l'apologiste et l'homme se fondent à merveille. Les raisonnements se mêlent aux cris de l'âme parce que l'apologiste a vécu sa foi avant de la défendre.

Pour lui le péché originel est un fait plus éclatant que le soleil : « Pour moi, j'avoue qu'aussitôt que la « religion chrétienne découvre ce principe que la na- « ture des hommes est corrompue et déchue de Dieu, « cela ouvre les yeux à voir partout le caractère de « cette vérité ; car la nature est telle qu'elle marque « partout un Dieu perdu, et dans l'homme, et hors de « l'homme, et une nature corrompue ...[182]. Si l'homme « n'avait jamais été corrompu, il jouirait dans son « innocence et de la vérité et de la félicité avec assu- « rance ; et si l'homme n'avait jamais été que cor- « rompu, il n'aurait aucune idée ni de la vérité ni de « la béatitude... tant il est manifeste que nous avons « été dans un degré de perfection dont nous sommes « malheureusement déchus !...[183]. Suivez vos mouve- « ments, observez-vous vous-mêmes, et voyez si vous « n'y trouverez pas les caractères vivants de ces deux « natures. Tant de contradictions se trouveraient-elles « dans un sujet simple?...[184]. Qu'est-ce donc que nous « crie cette avidité et cette impuissance, sinon qu'il y « a eu autrefois dans l'homme un véritable bonheur, « dont il ne lui reste maintenant que la marque ou

[182] < H. XIII, 10. M. 928. B. 441 >.
[183] H. VIII, I. M. 536 [17-18]. B. 434, p. 531.
[184] H. XII, 4. M. 147 [14]. B. 430, p. 524.

« la trace toute vide ? [185]... Nulle religion que la nôtre
« n'a enseigné que l'homme naît en péché, nulle secte
« de philosophes ne l'a dit, nulle n'a donc dit vrai [186]...
« Nous naissons si contraires à cet amour de Dieu, et
« il est si nécessaire, qu'il faut que nous naissions cou-
« pables, ou Dieu serait injuste [187] ».

[185] II. VIII, 2. M. 605. B. 425.

[186] H. XI, 4 ter. M. 14. B. 606. Ceci se présente dans le manuscrit comme la conclusion d'un raisonnement que les éditeurs,
autres que M. Michaut, ont malheureusement transporté ailleurs. « Il est faux que nous soyons dignes que les autres nous
« aiment, il est injuste que nous le voulions... Nous naissons
« donc injustes, car tout tend à soi... La volonté est donc dépra-
« vée... » H. XXIV, 56. M. 14. B. 477.

[187] H. XII, 6. M. 808. B. 489. Ici encore, remarquons qu'au jugement d'une théologie rigoureuse ces arguments ne seraient pas
valables. Le catholicisme romain, tel qu'il s'est formulé surtout
par opposition au protestantisme, admet la possibilité d'un état
de pure nature où la concupiscence et la mort, actuellement
suites du péché, auraient été naturelles à l'homme. Dès lors,
on ne peut conclure de notre état actuel à la chute originelle,
puisque nous aurions pu être créés, sans péché, dans cet état.
Le péché originel est un fait qui, comme tous les faits révélés,
se prouve par l'autorité et ne se conclut pas de la nature. Sans
doute, rien n'est plus fréquent dans la chaire que d'expliquer
nos misères par la chute originelle : mais là même où l'orateur
ne le dit pas, le théologien doit sous-entendre que cette explication, vraie en fait, n'est pas une nécessité de droit. — Quand
donc Boutroux résume, fort exactement d'ailleurs, la pensée de
Pascal en ces termes : « Il fallait... partant de l'étude de la
« nature humaine où prétendent s'enfermer les libertins, leur
« montrer que cette nature n'est pas telle qu'ils la supposent,
« qu'un état de pure nature, sans aucun élément surnaturel, est
« chez l'homme chose impossible » (Pascal, p. 159), il indique
on ne peut mieux que l'apologie est janséniste dans son fond.
Le pape S. Pie V, en 1657, avait déjà condamné cette propo-

Sans le péché originel la nature humaine est inexplicable. Posé le péché originel, tout s'explique. Mais le péché originel ne peut être connu par la raison. D'où la nécessité absolue de la révélation pour résoudre l'énigme de notre nature et servir de règle à

sition de Baius qui est presque textuellement celle de Pascal : « Deus non potuisset ab initio talem creare hominem qualis nunc nascitur. » (Bulle *Ex omnibus*, prop. 55. Denzinger, *Enchiridion symbolorum*. 11e éd., no 1055, précédemment 935). De ce point de vue, qui est sinon le plus central, du moins le plus commode pour caractériser exactement le jansénisme, on peut noter les différences de doctrine qui le séparent du catholicisme. Le péché originel entraîne pour lui une corruption radicale de la nature, tandis que pour le catholique il n'a dépouillé l'homme que des dons gratuits et lui laisse une nature bonne en soi, quoique portée au mal par sa partie inférieure. On comprend dès lors que l'Eglise ait approuvé une pédagogie plus humaine que celle de Port-Royal, qu'elle ait défini au xvie siècle le libre arbitre contre les protestants et au xixe contre les traditionalistes la puissance de la raison pour s'élever jusqu'à Dieu (cf. p. 41, note 83), qu'elle admette enfin la légitimité d'une philosophie rationnelle, sauf à greffer sur la nature et la raison le surnaturel et la foi. — Ne voit-on pas l'intérêt que présenterait, pour l'intelligence des Pensées de Pascal et de leurs rapports avec la mentalité catholique, un commentaire suivi qui s'appuierait sur une étude approfondie, à la fois théologique et historique, du jansénisme ? Je n'ai pu qu'indiquer ce point de vue. Il est fortement accusé par M. Bremond et par le R. P. Petitot. Mais ni l'un ni l'autre n'en concluent rien contre une sage utilisation de l'Apologie. Un juge sévère en matière d'orthodoxie, le R. P. Gardeil, a pu écrire : « Cette œuvre immortelle ne saurait se ressentir de la caducité des apologétiques fondées sur les théories philosophiques ; parce qu'elle est placée sur un terrain plus profond et comme éternel, sur le granit inébranlable de la nature humaine saisie, non dans sa définition abstraite, mais dans sa réalité vécue. » (*La crédibilité et l'Apologétique*, 1re éd. (1908), p. 115 ; — 2e éd. (1912), p. 144. Gabalda).

nos mœurs [188]. La révélation est un des bienfaits que nous apporte Jésus-Christ. Elle est dans l'ordre intellectuel ce qu'est la rédemption dans l'ordre moral : elle remet les choses, non pas absolument dans l'état primitif, mais dans la voie vers cette restauration finale qui sera la glorification des élus.

Sans doute, on sait assez d'ordinaire que c'est là le centre de l'Apologie. Mais a-t-on aperçu toutes les conséquences qui en découlent pour le problème de la croyance ? Nous ne voyons plus la vérité sans voiles : c'est une des conséquenses les plus profondes et les plus immédiates de la chute [189]. Surtout, la raison a

[188] H. VIII, 2. M. 605. B. 425. Titre dans le manuscrit: « Que « l'homme sans la foi ne peut connaître le vrai bien ni la jus- « tice. » Cf. [M. 283. B. 375. « J'ai passé longtemps de ma « vie en croyant qu'il y avait une justice ; et en cela je ne me trompais pas ; *car il y en a, selon que Dieu nous l'a voulu révéler*. Mais je ne le prenais pas ainsi, *et c'est en quoi je me* « *trompais...* »] — < II. XII, 7. M. 953. B. 445. Le péché originel « est folie devant les hommes... Mais cette folie est plus sage « que toute la sagesse des hommes... Car sans cela que dira « t-on qu'est l'homme ? Tout son être dépend de ce point imper- « ceptible. Et comment s'en fût-il aperçu par sa raison, *puisque* « *c'est une chose contre la raison*, et que sa raison, bien loin « de l'inventer par ses voies, s'en éloigne quand on le lui « présente ? » > Pascal paraît avoir oublié ici, au moins dans l'expression, quelque peu exagérée, de sa pensée, ce qu'il a dit ailleurs. H. XIII, 8. M. 650. B. 265. « La foi dit bien ce « que les sens ne disent pas. Elle est au-dessus *et non* « *pas contre*. » - H. XIII, 3. M. 453. B. 273. « Si on soumet « tout à la raison, notre religion n'aura rien de mystérieux et de « surnaturel. Si on choque les principes de la raison, notre reli- « gion sera absurde et ridicule. »

[149] Il s'ensuit une très curieuse règle de logique, applicable même aux axiomes géométriques. Nous ne sommes pas capables

perdu sa royauté : au lieu de dominer sur les penchants, elle s'asservit à eux ; l'homme croira désormais, non ce qui lui paraît vrai, mais ce qui plaît à ses passions [180]. L'imagination, les sens, toutes les « puissances trompeuses » domineront sur lui. La coutume ploiera la raison à tous sens.

Mais aussi Dieu, dans sa miséricorde, tirera le re-

d'en connaître directement la vérité autrement que par le sentiment, qui est « semblable à la fantaisie. » — Espr. géom. I. B. p. 176 : « C'est une maladie naturelle à l'homme de croire « qu'il possède la vérité directement, et de là vient qu'il est « toujours disposé à nier tout ce qui lui est incompréhensible : « au lieu qu'en effet *il ne connait naturellement que le men-* « *songe* et qu'il ne doit prendre pour véritables que les choses « dont le contraire lui paraît faux. Et c'est pourquoi, toutes les «fois qu'une proposition est inconcevable, il faut en suspendre « le jugement et ne pas la nier à cette marque, mais en exa- « miner le contraire ; et si on le trouve manifestement faux, « on peut hardiment affirmer la première, tout incompréhen- « sible qu'elle est. » — Cf. Nicole, Ess. de mor. t. VI. Pensées diverses, 23 : « La lumière commune du christianisme suffit pour « nous faire connaître qu'une action est mauvaise, mais il n'y « a qu'une lumière extraordinaire qui puisse nous assurer que « quelque action est bonne. »

[180] II. XXV, 27. M. 567. B. 439. « Nature corrompue. L'homme « n'agit point par la raison, qui fait son être. » La raison est prise ici dans son sens large et élevé ; au contraire dans cette note : H. XXV, 15. M. 884. B. 344. « Instinct et raison, marques « de deux natures. » Ici l'instinct désigne vraisemblablement les intuitions du cœur, débris de la nature primitive, et la raison les labeurs du raisonnement, peine de la nature déchue. Ce qui confirme cette interprétation, c'est le parallélisme évident de la pensée H. VIII. 9. M. 866. B. 395. « Instinct. Raison. « Nous avons une impuissance de prouver, invincible à tout le « dogmatisme. Nous avons une idée de la vérité, invincible à « tout le pyrrhonisme ».

mède du mal lui-même : cette volonté, salie par ses attachements aux créatures, il ira la chercher par sa grâce, qui consent à lutter contre la concupiscence, comme à armes égales, par l'attrait du délectable, et cette certitude pleine que la raison ne peut plus se donner à elle-même il la fera rentrer du cœur dans l'esprit [191]. L'homme doit attirer la grâce par les humiliations : en voulant faire l'ange, il est devenu semblable à la bête [192], c'est le châtiment de l'orgueil. Mais aussi, s'il consent à s'abaisser dans sa nature corporelle, à « s'abêtir », la grâce fera rentrer dans son cœur les intuitions propres aux natures spirituelles. Il commencera une nouvelle vie en Jésus-Christ, qui étouffera la vie d'Adam déchu en substituant la charité à la concupiscence. Dieu se rend sensible au cœur, et désormais tout s'éclaire à sa lumière. Le chrétien a dépassé le géomètre et vaincu le pyrrhonien. Il est en mesure de confondre les philosophes tout en les conciliant ; si

[191] Cf. L'Espr. géom. II (Art de persuader) au commenc. B. p. 185. « Je ne parle pas ici des vérités divines... Dieu seul peut les mettre dans l'âme, et par la manière qu'il lui plaît. Je sais qu'il a voulu qu'elles entrent du cœur dans l'esprit, et non pas de l'esprit dans le cœur, pour humilier cette superbe puissance du raisonnement, qui prétend devoir être juge des choses que la volonté choisit, et pour guérir cette volonté infirme, qui s'est toute corrompue par ses sales attachements... En quoi il paraît que Dieu a établi cet ordre surnaturel, et tout contraire à l'ordre qui devait être naturel aux hommes dans les choses naturelles... Et c'est pour punir ce désordre par un ordre qui lui est conforme que Dieu ne verse ses lumières dans les esprits qu'après avoir dompté la rébellion de la volonté par une douceur toute céleste qui la charme et qui l'entraîne. »

[192] H. VII, 13. M. 704. B. 358.

on élève l'homme, il l'abaisse ; si on l'abaisse, il l'élève.
A Epictète et à Montaigne, qui voient dans la nature
humaine ou toute grandeur, ou toute faiblesse, il
donne à la fois tort et raison : car il y a à la fois grandeur et faiblesse, « *dans des sujets différents*, tout ce
« qu'il y a d'infirme appartenant à la nature, tout ce
« qu'il y a de puissant appartenant à la grâce [193]. Voilà

---

[193] Ceci toutefois doit être rigoureusement précisé. La grandeur
est souvent donnée dans les Pensées comme naturelle à l'homme,
au même titre que la faiblesse. La nature n'est qu'une capacité
vide, mais c'est une capacité de bien. H. I, 8. M. 885. B. 423.
« Que l'homme maintenant s'estime son prix. Qu'il s'aime,
car il y a en lui une nature capable du bien... Qu'il se méprise,
parce que cette capacité est vide ; mais qu'il ne méprise pas
pour cela cette capacité naturelle. » — Cf. II, VIII, 1. M. 536 [17,
18]. B. 434, p. 531. « ... Si l'homme n'avait jamais été que
« corrompu, il n'aurait aucune idée ni de la vérité, ni de la
« béatitude. Mais malheureux que nous sommes, et plus que
« s'il n'y avait point de grandeur dans notre condition, nous
« avons une idée du bonheur, et ne pouvons y arriver ; nous
« sentons une image de la vérité, et ne possédons que le men-
« songe... » Cette idée du bonheur, cette image de la vérité,
« invincible au pyrrhonisme, » et en général, tout ce qu'il y a
de fondamental dans les aspirations et les intuitions du *cœur*,
voilà, dans la nature déchue, le souvenir de notre premier état.
Mais aussi n'est-ce pas pure nature : c'est un reste et une se-
mence de grâce, un gage de la rédemption, une étincelle con-
servée sous les ruines. Ainsi parlait déjà l'auteur de l'*Imitation
de Jésus-Christ* (liv. III, ch. 54) : « Opus est gratia tua, et magna
gratia, ut vincatur natura, ad malum semper prona ab ado-
lescentia sua. Nam per primum hominem lapsa et vitiata per
peccatum, in omnes homines poena hujus maculae descendit :
ut ipsa natura, quae bene et recta a te condita fuit, *pro vitio
jam et infirmitate corruptae naturae ponatur*, eo quod motus
ejus sibi relictus ad malum et inferiora trahit. Nam *modica vis
quae remansit* est tanquam scintilla quaedam latens in cinere.

« l'union étonnante et nouvelle que Dieu seul pouvait
« enseigner et que lui seul pouvait faire, et qui n'est
« qu'une image et qu'un effet de l'union ineffable de
« deux natures dans la seule personne d'un Homme-
« Dieu [124] ».

Si l'on s'était toujours souvenu de ces paroles qui
sont bien la « clef des Pensées », on n'aurait peut-être
pas tant écrit pour ou contre le « scepticisme de Pascal. » On aurait vu assez clairement, ce me semble,
que, si le scepticisme, — un certain scepticisme, portant sur les principes, non sur les déductions, —
s'impose à la nature déchue [125], ce scepticisme se résout,

Haec est ipsa ratio naturalis, circumfusa magna caligine, adhuc
judicium habens boni et mali, veri falsique distantiam, licet
impotens sit adimplere omne quod approbat, *nec pleno jam
lumine veritatis,* nec sanitate affectionum suarum potiatur. »

[124] Entretien avec Saci. B. p. 160.

[125] H. XXIV, 1. M. 695. B. 432. « Le pyrrhonisme est le vrai.
« Car, après tout, les hommes, *avant Jésus-Christ,* ne savaient
« où ils en étaient, ni s'ils étaient grands ou petits... » — Cf.
ce passage barré H. VIII, 1. M. 536 [15 ter]. B. 434, p. 531,
note 2. [« Qu'on accorde donc aux pyrrhoniens ce qu'ils ont
« tant crié, que la vérité n'est pas de notre portée ni de notre
« gibier, qu'elle ne demeure pas en terre, qu'elle est domes-
« tique du ciel, qu'elle loge dans le sein de Dieu et que l'on ne
« la peut connaître que dans la mesure qu'il lui plaît de la
« révéler. »] — H. III, 19. M. 601 [29]. B. 83. « L'homme n'est
« qu'un sujet plein d'erreur, naturelle et ineffaçable sans la
« grâce. Rien ne lui montre la vérité. Tout l'abuse ; ces deux
« principes de vérité, la raison et les sens, outre qu'ils manquent
« chacun de sincérité, s'abusent réciproquement l'un l'au-
« tre. » — A vrai dire, ce scepticisme devrait s'appeler d'un
nom moderne et plus juste, *relativisme.* Je ne crois pas que
Pascal incrédule eût jamais douté de la valeur de la raison

grâce à la révélation et à la rédemption, en un dogmatisme fidéiste et mystique.

Dogmatisme d'ailleurs qui justifie la raison à ses propres yeux, car c'est le propre de la lumière surnaturelle, en nous éclairant, de nous donner à la fois une paix parfaite sur ses propres révélations et, par la notion de notre origine divine, la garantie de la raison dans les domaines de sa compétence.

Je trouve dans Emile Boutroux la plus exacte formule de ce dogmatisme, si riche et si complexe qu'il suffit d'en supprimer ou d'en altérer une pièce, d'oublier une des démarches de cette pensée si vivante, pour n'y plus voir qu'un amas de contradictions : « Pascal affirme l'existence, dans la vie naturelle elle-« même, d'une intuition non intellectuelle portant « sur les principes de la vie morale : c'est l'intuition « propre au sentiment ou au cœur. Seulement, cette « intuition ne peut être dégagée et connue comme « vraie par les seules forces de la nature [196] ».

On ne saurait mieux dire. Oui, pour Pascal, la nature, même sans la grâce, est capable de rencontrer la vérité.

comme instrument de déduction et de coordination des données sensibles. Mais il en serait resté peut-être à cette déclaration : « Ce qui passe la géométrie nous surpasse. » (Espr. géom. I. B. p. 165). Les principes, en tant que révélation de l'absolu, échappent à nos prises. Le cœur seul peut étreindre l'absolu. Mais, comme son sentiment est semblable à la fantaisie (H. VII, 4. M. 333. B. 274), il ne saurait se garantir contre ses propres égarements.

[196] Rev. des cours et conf. 28 avril 1898. 6e année, 2e série, p. 296.

Mais elle ne peut, depuis le péché, se rendre compte à elle-même de ses propres principes : seule, la foi surnaturelle peut lui révéler, avec le mystère de ses origines et de son premier état, le secret de ses inquiétudes et de ses obscurités actuelles. Pascal a été troublé à certaines heures, comme Descartes, et plus vivement que Descartes, par le fantôme du « malin génie [197] ». Et comme Descartes il fait appel, pour se délivrer de cette obsession, à la véracité divine. Seulement, le Dieu auquel il a recours n'est pas le Dieu abstrait des philosophes et des savants, c'est le Dieu vivant d'Abraham, d'Isaac et de Jacob, le Dieu de Jésus-Christ, sensible au cœur, qui, avec la certitude, répand la joie et la paix dans les âmes.

Un fidéisme mystique qui s'est lentement substitué, par une évolution profonde de l'âme, et sous l'influence de la doctrine janséniste, à un dogmatisme presque rationaliste, d'allure, sinon d'inspiration cartésienne : voilà, me semble-t il, la plus exacte formule de ce qu'on a appelé le « scepticisme de Pascal. »

---

[197] Voir plus haut, note 155. II. VIII. 1. M. 536. B. 434. « ... N'y « ayant point de certitude, *hors la foi,* si l'homme est créé par « un Dieu bon, par un démon méchant, ou à l'aventure, il est « en doute si ces principes nous sont donnés ou véritables, ou « faux, ou incertains, selon notre origine. »

TABLE DES AUTEURS CITÉS

Les chiffres renvoient aux *pages*. — Les citations bibliques se trouvent presque toutes dans la note de la page 55. Les autres sont mentionnées ci-dessous selon l'ordre alphabétique des auteurs bibliques.

TABLE DES MATIÈRES

ACHEVÉ D'IMPRIMER LE
XXX OCTOBRE MCMXXIII PAR
S. PACTEAU, A LUÇON, POUR
GABRIEL BEAUCHESNE, A PARIS